【美】伊莱恩·阿伦 —— 著
朱湘银 —— 译

THE CROSSROADS
OF LOVE
AND POWER

HEALING THE
UNDERVALUED SELF

跳出
自我怀疑的怪圈

被低估的自我

华夏出版社
HUAXIA PUBLISHING HOUSE

图书在版编目（CIP）数据

被低估的自我 /（美）伊莱恩·阿伦 (Elaine N.Aron) 著；朱湘银译 . -- 北京：华夏出版社有限公司 , 2020.8（2024.9重印）

书名原文：The Crossroads of Love and Power: Healing The Undervalued Self

ISBN 978-7-5080-9915-6

Ⅰ.①被… Ⅱ.①伊…②朱… Ⅲ.①自我意识 Ⅳ.①B844

中国版本图书馆 CIP 数据核字 (2020) 第 043908 号

THE CROSSROADS OF LOVE AND POWER：HEALING THE UNDERVALUED SELF
By ELAINE N.ARON,PH.D.
Copyright© 2010 BY ELAINE N.ARON,PHD
This edition arranged with BETSY AMSTER LITERARY ENTERPRISES
Through BIG APPLE AGENCY,INC.,LABUAN, MALAYSIA.
Simplified Chinese edition copyright© 2020 HUAXIA PUBLISHING HOUSE CO., LTD.
All rights reserved.

版权所有，翻印必究。
北京市版权局著作权合同登记号：图字 01-2018-0766 号

被低估的自我

作　　者	［美］伊莱恩·阿伦
译　　者	朱湘银
策划编辑	朱　悦　刘　洋
责任编辑	朱　悦　刘　洋
责任印制	刘　洋

出版发行	华夏出版社有限公司
印　　刷	三河市少明印务有限公司
装　　订	三河市少明印务有限公司
版　　次	2020 年 8 月北京第 1 版　　2024 年 9 月北京第 2 次印刷
开　　本	670×970　1/16
印　　张	20.25
字　　数	150 千字
定　　价	49.80 元

华夏出版社有限公司　网址：www.hxph.com.cn　电话：(010) 64663331（转）
地址：北京市东直门外香河园北里4号　邮编：100028
若发现本版图书有印装质量问题，请与我社营销中心联系调换。

目录
contents

引言 001

005 | 第一章："社会比较""情感联结"和被低估的自我

自我低估时，人会过分轻视自己。当缺点被放大时，我们认为自己一无是处并感到非常羞愧，而且这种感觉通常是要么没有，要么非常强烈。这时，"被低估的自我"就出现。解决这个问题的最好办法是，找到"社会比较"和"情感联结"之间的平衡点。

041 | 第二章：六种自我保护手段：隐藏自我低估

人们很难意识到自己何时会陷入"社会比较"以及自我低估的境地，也不知道何时会完全丧失信心。因为在大多数情况下，我们会下意识地保护自己，避免这种羞愧感。

079 | 第三章：过往的经历导致自我低估

如果一个人既有自我低估的内在倾向，又受到生活上的沉重打击，那么他会长期陷入自我低估的状态。他会拒绝所有不错的机会以及可能有好结果的关系，还可能因此变得沮丧或焦虑。

121 | 第四章：用"情感联结"治愈被低估的自我

实现从"社会比较"到"情感联结"的转换，可以让被低估的自我不再出现。

155 | 第五章：消除障碍——跟内心的"纯真"对话

我们内心都有一种渴望——想要治愈心理创伤，就像治愈身体上的创伤一样。你要做的是学习无意识的语言，它会通过梦境中各种各样的图像和故事来跟你交流。

187 | **第六章：与内心的"批评者"和"保护者－迫害者"共处**

> 我们每个人心中都有一个"批评者"，也会有"保护者－迫害者"。批评者的声音会强化自我低估的心态。而"保护者－迫害者"会把你保护起来，哪儿都不准你去。

231 | **第七章：如何通过"情感联结"加深亲密关系**

> 虽然在大多数情况下，我们都是通过聊天的方式来增强彼此的联系，但还有一点很重要——有时跳过聊天，直接采取行动反而更加有效。

257 | **第八章：稳定的亲密关系：最后一味治愈良药**

> 爱情除了会给你带来很多美好之外，还会对被低估的自我有深远的影响。如果你已经被"社会比较"淹没，你应该投向爱情的怀抱。爱情治愈创伤的疗效是无可替代的。

289 | **第九章：从自我低估中解放出来**

> 每个人都有"被低估的自我"，但我们可以治愈它带来的伤害。

致谢　*296*
附录一　怎样找到一个好的治疗师　*297*
附录二　创伤表格　*305*
注释　*306*
关于作者　*318*

引 言

每个人心里都藏着一个"被低估的自我",它让我们觉得自己毫无价值。它会时不时地冒出来,让我们怀疑自己,感到害羞、不安或沮丧。心理医生和自我激励导师认为,这是一种非常常见的心理问题,甚至是大多数心理疾病的源头。

我是一名心理医生,也是一个社会心理学家,专门研究人类之间的"爱"和"情感联结"。我们生来渴望彼此爱护、相互扶持。我知道,我的病人更需要也更渴望的是"情感联结",而不是和他人进行比较。但其实比较也是人类的一种先天性社会行为,只不过它和爱的作用力完全相反。它会让人互相竞争,而不是互相扶持。认识到这一点后,我开始从另一个角度来思考自我低估的问题。

首先,我认为"自我低估"这个词本身暗含比较之意,它似乎暗示着人们应该不断往高处爬。但问题是,我们常常对自己评价不准确,甚至自我低估。其次,自我低估心理很难被人为改变的原因,也许蕴含在生物学的如下问题中:为什么我们会迫不及待地做出错误的判断,认为自己低人一等?

我开始思考,如果把比较看作人类本就具有的一种先天行为,这对研究自我低估是不是会有所帮助。我曾在研究"高敏感人群"时得出一个结论:我们如果能意识到自己的某些特点是与生俱来的,往往就能更好地适应它。就被低估的自我而言,我们需要调试那些因为比较和失败经历而产生的负面的内在反应。

这种调试仅仅依靠表面的自我肯定是不能解决问题的,还需要注意到自己的下意识反应。

顺便提一句，我身体里也住着一个"被低估的自我"，而且这个自我非常强大，对我的生活造成了很大困扰。记得我在从业早期做过一次演讲，演讲结束后有学生跑来告诉我，尽管我的演讲内容很精彩，但我的演讲状态实在欠佳。他们认为，我似乎对自己和演讲内容都极不自信。这促使我不得不改变心态。幸运的是，我得到了很好的帮助，而这些也会帮助到你们。

第一章

"社会比较"
"情感联结"
和被低估的自我

我们每天都花大量时间跟他人比较，并期待得到尊重、影响力和权力。这就是一种"社会比较"行为。同样地，我们会通过表达对他人的关心和喜欢来建立情感联结，获得人际关系和安全感。有时"社会比较"和"情感联结"会相互融合，例如当我们教授知识、提出建议或教育孩子时，我们会用自己的长处去帮助他们，所以我们的生活总离不开"社会比较"和"情感联结"。这两点都或多或少地影响着我们的人际关系，有时还会引发自我低估。

自我低估时，人会过分轻视自己。当缺点被放大时，我们认为自己一无是处并感到非常羞愧，而且这种感觉通常是要么没有，要么非常强烈。这时，"被低估的自我"就会出现。解决这个问题的最好办法是，找到"社会比较"和"情感联结"之间的平衡点。当你能清楚地知道自己是如何跟他人作比较，如何产生"情感联结"的时候，你会认识到更深层次的、更接近无意识的、本能的原因。你如果能认清其中的原因，就可以轻而易举地避免自我低估。退一步讲，即使你做不到这一点，有这样的意识也能使你获益良多。

"社会比较"和"情感联结"是所有高等动物都有的行为，但直到最近，研究者才意识到它们的重要性。作为我们最基本的心理活动，它们指导着人类一切的社会行为。"情感联结"和"社会比较"是我们所说的广义上的"爱"和"权力"。爱是所有"情感联结"中的一种，而"社会比较"则会决定谁更有权力。"社会比较"和"情感联结"是理安·艾斯勒（Riane Eisler）和大卫·洛耶（David Loye）在1983年提出的一个政治心理学术语。在20世纪90年代初,社会心理学又对这两者的内在联系展开研究。但在那之后,这一术语很少被提及。[1]

不同的是,"权力"和"爱"从来就是人和动物行为研究的主要关注点。我之前就分别研究过它们,只是当时没有意识到它们之间的紧密联系。后来,我几乎在我的所有病患身上发现了一个问题:自尊心越弱的人,拥有健康的亲密关系越少。我能看出,尽管他们都很渴望爱和亲密关系,但他们总是计较谁更有权力、地位更高。

"社会比较"也能成为我们健康生活的一部分。比如我们喜欢看体育比赛,还乐于同他人竞争工作及升职机会,甚至争抢爱人。但如果用竞争的眼光看待所有事情,我们很容易对自己心怀不满。每个人都必须面对失败,失败不仅会影响自我价值的整体判断,还会引发短暂的情绪低落。如果我们眼中的生活就是一连串的竞争和比较,那很容易带来负能量。如果我们曾经经常获胜,那么一旦遇到无法避免的失败我们便会更加难以接受。

当然,我们不是希望大家不求上进,但想赢的心理会使人忽视"社会比较"的负面影响。大多数人都会过度比较。面对失败和挫折,除了会情绪低落之外,我们还会感受到其他"自我意识情感"(内容详见第15页"包含自我意识的情感"),比如羞愧,这会使我们非常不愉快。这时,朋友和家人的支持就很重要,但如果你自视甚高或妄自菲薄,别人便很难跟你建立起亲密的情感联结。

只有深入理解"社会比较"和"情感联结",我们才能抚平创伤带来的影响。事实上,大多数人对"情感联结"的需求是超过"社会比较"

的，只有看清这两者的本质，我们才可能处理好它们之间的平衡关系。

跟谁相处你会感到愉快？跟谁相处你会觉得难受？

这本书中的练习和自我测试会帮助你了解"社会比较""情感联结"和被低估的自我是如何影响你的生活的。为此请准备一个日记本，在里面记录你的答案以便日后查找。第一个练习需要你列出两个清单，一个写下与你相处愉快的人，另一个写下与你相处不愉快的人（同一个人可同时出现在两个名单上）。写名字时请留出空隙，因为之后还需要再回过头来做笔记。

请注意，让你感到愉悦的那群人里，他们几乎都与你有"情感联结"。这种联结可能只是温暖友好的问候，或是偶尔的电话聊天，或是你们彼此看重、爱慕对方。而那些让你感到不开心的人中，几乎全部都会让你产生互相比较的心理，包括隐隐约约的评头论足，公开化的全面竞争，感觉非要一较高下不可。"情感联结"会使双方都感到满意，而竞争关系会引发自我价值的焦虑，很少让人体验到快乐。你列的这些单子会告诉你——"社会比较"在多大程度上造成了你的不开心。

"情感联结"和"社会比较"的携手共舞

"社会比较"指的是我们在社会群体中所处的地位或等级。权力和"社会比较"息息相关,权力大是拥有高等地位的体现。通俗一点儿来讲,权力其实就是对他人有影响力。这种影响力以多种方式存在,包括获得他人的尊重。

"情感联结"是我们用来平衡"社会比较"的一种方式。我们会被别人吸引,对他们产生欣赏之情,想尽可能多地了解和帮助他们。爱情就是这些情感的强烈表现。

我们无时无刻不在寻找"社会比较"和"情感联结"的平衡点。"情感联结"表现为友好待人、关心他人或得到别人的善待和关心;而"社会比较"表现在利用自己的影响力、竞争力、商业头脑、名望、财富或显赫的朋友来赢得尊重。还有一些人通过自己的样貌、穿戴或者加入高级俱乐部来显示高人一等。我们总觉得很难准确找到"社会比较"和"情感联结"的平衡点,事实上,往往是"社会比较"更胜一筹。在某些情况下,我们会忍不住想知道自己在比较中位列几何。通常,我们不会有意去想排名的事,宁愿相信人与人之间没有高低之分。但只要有两个人以上存在,"社会比较"就会出现,即便它是以很隐晦的方式出现的。

朋友之间也需要妥善处理相互比较的关系。作为朋友,我们知道谁的钱更多、谁的工作更体面。但朋友间应该更注重分享而不是比较。如果一个朋友赞美对方,被赞美的人也会反过来赞美他。慢慢地,好朋友之间不会计较谁欠了谁,只会关心哪个朋友需要帮忙。这才是"情感联结"的本质。

> ### "情感联结"的重要定义
>
> **情感联结**：天生会被他人吸引并爱上他们，对他们产生好奇心，想要帮助对方。
>
> **爱情**：这是一种更纯粹的情感关系。被某人强烈地吸引会让你想靠近对方，和他变得更亲密，尽可能满足他的所有需求。同时你也很享受别人为满足你而做出的努力。这种关系就像是把对方变成了自己的一部分。
>
> **利他主义**：对素不相识的人给予无私的爱，这种爱有时会延伸至对全人类的爱，看到需要帮助的人时会产生怜悯之心。

"情感联结"和"社会比较"的共舞形式是多种多样的。

"社会比较"可以服务于"情感联结"。比如家长、老师、管理者和政治家，他们都拥有很高的地位和权力，但他们善用自己的权力去关心、爱护以及帮助他人。我们并不会介意这些人施行某些规则，因为我们知道他们的目的是帮助大家。但如果他们不再考虑他人的需求，权力就会被滥用。除此之外，"社会比较"还会给"情感联结"增添趣味，当我们想要恭维某人时，会说"你显然是那群人里面最聪明的"。

"情感联结"也能服务于"社会比较"的需要。当我们跟别人联盟时，团队目标就能够达成。但我们也知道目标达成之后，联结的关系不会继续维持。有时，"情感联结"会被"社会比较"所掩盖，比如在老师和学生、老板和员工、保镖和雇主的关系里，双方都会尽量忽视自己被对方吸引这回事。而"情感联结"同样也会掩盖"社会比较"，比如有人会以"我是为你好"为由操控别人的生活。

当你想要跟别人有"情感联结"时，"社会比较"不好的一面通常会引出你内心那个"被低估的自我"。假设你跟一个朋友碰面吃饭，得知了她升职的好消息。你想为她感到开心，但同时你也会不由自主地跟她比较起来。想到自己工作五年都没有升职，你感到很心酸。从某种意义上来说，这时你已经不是在跟你的朋友一起吃饭了，而是在跟你内心那个"被低估的自我"共进午餐。

"社会比较"的重要定义

社会比较：内心渴望提高社会地位。想成为一个与众不同的个体，力求公平公正。

权力：你的社会地位决定你对别人的影响力有多大。这种影响可以是生理上或者心理上的，可以是强势的，也可以是温和的。

权力为情感联结服务：利用你的地位、权力去满足他人以及自己的需求，或仅仅满足他人的需求。

权力滥用：权力完全是为个人利益服务的。

情感联结为社会比较服务：为提升等级而组成友好联盟，为自己和队友赢取更多权力。

天生对自我价值感的需要

前面我已经说过,过多的"社会比较"会直接导致"被低估的自我"。看清这一点,你就能避免走这条路。作为社会性动物,人类选择了群居的生活方式,因为这有利于保障人类的生存和幸福。知识在群体中代代相传,后人可以直接享用前人的发明,像石斧和电脑等。一个群体会保护它的成员,确保大家都能得到生存必需品,同时防止有人独吞所有物品。我们祖先中有一部分人自发选择群居的生活方式,而有一部分人没有这样选择。事实表明,前者的生存情况比后者要好。现在我们仍然保留着祖先的群居的生活方式,这时常给我们带来不少困扰。但我们可以学习克服这些困难,前提是知道都有哪些难题。

我们的祖先生活在单一群体中,人与人之间有高低之分。地位越高的人,做团队决策时就越有话语权。如果有人不服从或想越级成为上级,对抗就会出现。结果通常是一方胜出,另一方败下阵来。为了避免做出错误的决定,我们得立刻评估自己的整体实力、获得的支持、自信心、技能、智力和其他能力,而这时的判断往往是下意识的。[2] 如果我们经常失败或最近刚失败过一次,我们会给自己找借口,认为自己太差,与别人竞争只有失败的份儿,因此还是省点力气好。如果这样想,我们的自我价值感就会慢慢变弱。

但是,我们如今生活在不同的群体当中——家庭、朋友圈、同事群、讨论组。在每个群体中，我们都会根据不同时刻所需要的不同能力来进行排名，很少比较整体价值这一点。这时内心对整体价值的诉求就会成为一个不利条件，因为整体价值在每一个单个群体里的体现都会有所偏差。

> **"被低估的自我"的定义**
>
> **整体自我价值**：不论比拼何种技能，你都认为自己能战胜对手。
> **失败反应**：受到失败的打击，人们往往会变得沮丧和惭愧。他们宁愿承认自己很差劲，也不愿意同他人继续竞争。
> **被低估的自我**：这种自我是逃避失败的一种表现。失败的次数越多，你就越会小心翼翼。在你眼里，竞争无处不在。同时你也会把自己看得很低，以至于害怕竞争。

面对失败的先天反应

因为失败被认为是天大的耻辱，所以我们会倾向于自我低估。除此之外，人类还有另一种内在倾向：失败反应。[3]这种反应在动物身上也能看到。动物败逃时，脸上会带有沮丧、惭愧的表情。它们看起来失望透顶，对生活失去兴趣，同时身体上也会出现对应的生理反应。它们的热情骤然减少，对自己的排名漠不关心。它们也不再信心满满，更不会再次卷入争斗中去。

同样地，人类面对失败也会有这样的反应：惭愧和沮丧。失败时你会情绪低落，丧失活力、激情、信心。你觉得自己没脸见人，一无是处。面对重大失败时，你会连续好几天陷入低落和羞愧的状态。如果被人拒绝，你会表现得很害羞，但实际上你的内心感受到的是羞愧和难过。我们害羞只是为了掩藏自己对社会评判和失败的害怕。

你如果有过惨痛的失败经历，甚至经常失败，你也许会常常感到无助、虚无、羞愧、害羞、缺乏激情。你会认为这一切都是自己的错，不断地贬低自己。这些都有可能导致重度抑郁症，也是自我意识相关情感[4]在"社会比较"环境下生发出来的结果。

包含自我意识的情感（简称自我意识情感）

人是社会动物，生来带有包含自我意识的情感。这也决定我们在特定情境下会有怎样的行为举止。有了这些情感，人类才能迅速反应，保住自己的地位，并在一个群体里站稳脚跟。我们通常所说的包含自我意识的情感包括：自豪、内疚、焦虑、沮丧和羞愧，这些都是人在对自我整体价值做评估时会出现的反应。当然，焦虑和沮丧在非社会条件下也存在，但通常我们认为这两者是由社会交往引发的情感。

由于个人性格和家庭教育方式的不同，每个人的情感反应并不固定，但或多或少都会对这五种情感有所体会。我们不太容易调适这些情感，原因是我们生活的环境已经不再是一个单一群体，比如你跟室友一起合租，跟同事一起工作，跟朋友一起打篮球等。但是我们经常会把在某一群体中体会到的情感迁移到其他群体中去。

这些包含自我意识的情感一般最早出现在早期群体中，比如你的家庭以及儿时玩伴，也有可能来自你最近在某个群体中遭遇失败的经验。你有可能遇到过这样的情况：你发短信约别人出来，对方拒绝了你；紧接着你去参加一个面试，心情很差，觉得没什么希望；然后你晚上去参加垒球比赛，你害怕再次失败没有好好打，最后被踢出局。正是因为你的焦虑发生了两次转移，你才会这么害怕失败。

自豪

自豪是一种积极的自我意识情感。当我们地位很高或者面临升职的时候，我们会倍感自豪，自我价值的光芒就会闪现。这时，我们对未来的挑战充满信心。而且如果我们自信满满，别人对我们的看法也会改变，我们的地位可能由此得到上升或巩固。

但是，自豪也有不好的一面。在自我价值判断中，如果自豪的成分过多，我们会过度自信。一旦没能成功，原先的自豪感反而会令我们非常沮丧和羞愧。其实过度骄傲之后的失败反而让人羞愧难当。还有一个问题，骄傲的人可能会缺乏同情心和同理心。有研究表明，感到自豪的人通常把自己跟地位高的人相提并论，很少觉得自己与实力相当或弱于自己的人有什么共同之处。

内疚

如果我们犯了不该犯的错误，就会感到十分内疚。这时，我们会拿出补救措施，想被别人原谅，或者找个好理由为自己开脱。人内疚时，会觉得自己毫无价值，唯一能解救我们自身的方法就是尽力补救。一旦我们弥补了过错，群体便会再次接纳我们。通常内疚这种感受不会持续太久，只要你做出补救行为就能解决，并不关乎自身价值的问题。

对我们的祖先来说，拥有内疚感是件很重要的事情。如果一群人里有个打猎能手，他捕到猎物后理直气壮地把最好的肉都吃光，那女人、孩子、老人就会挨饿。只有强者对弱者有内疚感，整个群体才能存活下来。这种情况依然适用于当今社会，比如你如果没给家里人打电话或没能参加婚礼，你就会有内疚感。如果一人有难，其他家庭成员会伸出援手。就算大家彼此之间感情不深，也会因为不能忍受内疚感而帮忙。

焦虑和害羞

大部分焦虑是由对失败的恐惧引起的。就算有人说自己怕蛇，怕龙卷风，归根结底他还是害怕失败。最让人受不了、最无厘头的焦虑通常是由社会环境引起的，尤其是"社会比较"。它会让我们担心自己在群体中的地位。我们经常会想：我会被降职吗？我会不会被人挑衅，然后被打败？我的想法会不会被全盘否定？

害羞是社会焦虑的一种表现。害羞的人会害怕别人的注视，害怕别人对他评头论足，因为这样会带来降级的风险。焦虑和害羞都是由自我低估造成的，而且你如果一直害羞或焦虑的话，自我低估的程度会加重。你会这么说："我很害羞，我一点儿信心都没有。"

这两种情感已经变成自我低估的固定组成部分。有 40% 的人声称,只要在社交场合,自己就会感到害羞。[5]再者,我们会把自己在一个群体里受挫以及被评判的感受迁移到其他群体里去。其实在新的群体里并没有人会评论自己,所以我们大部分的焦虑根本毫无理由。先入为主的判断会或多或少影响人们的行为,你如果看起来很焦虑或很害羞,别人往往觉得你级别不如他们高。

沮丧

我前面说过,人在失败后很容易沮丧。人在沮丧时,大脑的神经传递素会被消耗,这种情况在人有压力时也会出现。面对失败,沮丧能够防止我们感受到身体的疼痛,也能帮助我们面对后续挑战带来的降级风险。但在当今社会,身体在竞争中受伤的可能性是很低的,但沮丧很有可能危害身体健康和人际关系。

你如果回想自己沮丧时的情况,你会惊讶地发现,在沮丧当中还包含了深深的羞耻感。新的调查表明,沮丧跟羞耻感有很大的关联性。[6]只要别人对你评价不好,与压力和焦虑相关的皮质醇水平就会变高。[7]

许多人都曾经历过失败和分离,尤其孩童时期的失败和分离会让人产生长期抑郁和沮丧的心理。抑郁的原因有很多种,比如被其他孩子打败。如果这时孩子不能得到成年人的关爱,没有获得应有的安全感,这会对他们造成更大的伤害。在这种情况下,家长的地位和权力并没有帮助家长建立与孩子的"情感联结",也没能帮孩子解决问题。如果家长一直这样,小孩会不断地受到打击,陷入沮丧的情绪中。这些早期的失败经历会导致孩子一生都觉得无助和卑微，造成一个真正"被低估的自我"。

羞愧

跟沮丧一样，羞愧也会紧随失败而来。当然除了失败以外，在其他情况下人也可能感到羞愧。羞愧是对核心自我的否定，有这种感受的人会觉得自己没用、不完美、一无是处。这会不断加深自我低估的程度，它像沮丧一样让我们甘愿接受自己的卑微，觉得只要能成为团体中的一员就感到心满意足。

羞愧是最强烈、最痛苦的自我意识情感，我们的大脑认为它跟生理上的疼痛感没什么两样。[8]正因为它如此痛苦，我们才会拼命保住自己在群体中的地位。羞愧感就像被人用棒打了一下，让我们立刻变回原来的样子，乖乖按别人的意愿办事。尴尬则是一种轻微、短暂、类似羞愧的情感，它同样能迫使我们快速转变，以符合社会期望，从而重新融入集体。

我们的祖先生活在单一群体中，羞愧感防止他们进行毫无意义的争斗或被群体抛弃。但现在，我们身处于不同的群体中，感到羞愧让我们没有安全感。因为在群体中没有一点儿存在感会让人焦虑、没信心、表现不佳。比如研究发现，一心想要办成某件事的人要比一心只求不犯错的人表现更好。[9]不错的表现和良好的自我感觉是你待在一个集体中的必要条件。

卡罗的羞愧

为了通过社会工作资格证的考试，卡罗已经学习了好几个礼拜。考试中有一项是论文写作，因为卡罗手腕儿不适，所以论文不能手写。考官允许她用个人电脑进行写作，但条件是跟考试有关的任何文件都必须清除。

她觉得自己论文发挥得不错，一个星期之后她拿到了分数，只有21分，满分100分。卡罗顿时陷入绝望，吃不下、睡不着。她只想麻痹自己，觉得自己特别丢脸，好长时间都不敢跟任何人说起这件事。

独自一个人承受痛苦是最煎熬的，当时她心中充满了痛苦和害怕，害怕自己会因为考试失利地位一落千丈。在她所在的学习小组，卡罗是唯一没能通过考试的学生。她觉得就是因为自己能力太差才没通过。她认为自己十分愚蠢，一无是处。

身为她的心理医生，我知道我认识的卡罗是个聪明勤勉的人。她在准备考试时尤其认真。她怎么会考出这么低的分数来呢？最后我说服她别怕丢脸，申请复查自己的考试试卷。

考试委员会把卡罗的论文邮件发给了她。文章开头写得很好，但几段之后就写得乱七八糟，不知所云。卡罗立刻反应过来，她一开始把作文草稿存在考官给的磁盘里，而最终版本保存在电脑硬盘上，她最后交错论文了。委员会也能理解到底发生了什么，卡罗后来提交了正确版本的论文，最终得分是96分。

卡罗的这段经历让我们清楚地看到：羞愧和沮丧（失败反应情绪）会让我们陷入完全没有必要的折磨。除了参加这个考证小组，卡罗还属于至少五个不同的圈子。她有朋友圈、家庭、工作群、妈妈群，还和我一起分享拉布拉多犬的照片（她的最爱）——这是我们两个人的小组。作为一名心理医生，我十分了解卡罗。我能十分肯定地告诉她，她绝不是毫无价值，也不是愚蠢的。卡罗在这五个圈子里的地位都不低，但她却因为一场失败的考试而彻底受挫。就是这些感受让她自暴自弃，她也不想弄清楚失败的原因，只是从爱她的人身边逃离，把自己封闭起来。

了解卡罗的人绝不会因为她没考好而不理她。实际上，如果换作我们自己在一个重要的领域遭受失败后，我们的反应也许和她一模一样。但问题是，我们用得着这么颓废吗？如果试着了解"社会比较"和"情感联结"对人的内在影响，我想我们可能不会如此偏激。

"情感联结"和爱

"情感联结"是件非常自然的事，就像待人要有礼貌一样。你会说："早上好，过得怎么样啊？祝你度过愉快的一天。"说这些话会让人知道你待人友好，对人没有敌意，而且你是愿意与他人合作的。这样的"情感联结"在社会生活的车轮里能起到润滑作用，也有利于我们一起合作，减少不同社会地位的人之间的冲突。另外还有更专注的"情感联结",比如你看到心爱的人或跟他在一起时,心底能升腾起真正的快乐之情。你想要知道他在干什么,想帮助他或让他来帮你。爱情就是"情感联结"的加强版。

无数研究表明,"情感联结"能够缓和工作团队内的紧张氛围,减少压力,提升幸福感,且延长寿命。[10] 人们工作的唯一理由往往就是不断地为所爱的人付出,跟他们永远待在一起。不断有研究成果表明,工作中人际关系的好坏是影响工作满意度的最大因素。[11]

相比而言,爱情则更强烈、更神秘一些。我们用"爱"这个词来表达各种各样的爱意:急切着迷的爱、强烈的性欲之爱、陪伴的夫妻之爱、得不到的爱、父母子女之间的爱、朋友之爱、对全人类无私的爱。在这本书中提到的爱是有特定含义的。首先,两个人要互相认识,通常情况下是一方被另一方强烈地吸引。虽然没人能弄清楚我们到底是如何选择自己的另一半的,但一次只喜欢一个人好像是我们与生俱来的特点。[12]

但是爱情一来,你就会想知道这个人的全部,并想成为他生活中的一部分,或让他成为你生活中的一部分。这样你就能陶醉在有他的世界里。你会尽可能一直满足对方的需求,好像他的事就是你的事。你也乐意让对方为你付出。[13]

注意这两个词"尽可能""好像",但你们还是两个拥有不同喜好、不同生活习惯的人,所以也会发生争吵。两个人都有各自的界限,这其中就会有"社会比较"的存在。就像两个部分重合的圆圈,你们有重合也有不重合的地方。[14] 这种爱情是双方的,各自有付出也有收获。(这种相互给予的关系在父母和子女之间是一直存在的。)

最后,"情感联结"和爱会衍生出许多感受——开心、内疚、愉悦、悲伤、失意、好奇——但以正面情感居多。这些感受会让我们愉快地开玩笑、相互赞美和关心,让生命变得有价值。

杰克意识到生命中的"情感联结"和"爱"

杰克是个平头小伙儿,对电脑很在行,但他的人际交往却不行。他因为搬家后一直交不到新朋友,来找我做心理咨询。他想结婚,但他对跟人约会这件事感到很焦虑。虽然他一直在尝试跟人约会,但结果要么就是被人拒绝,要么就是他拒绝别人。随着拒绝别人和被拒绝的次数不断增加,我注意到杰克越来越不愿意出门,我很担心他的焦虑会演变成沮丧和羞愧。在我们讨论这一点时,他觉得自己喜欢的人都不会喜欢他。

我注意到杰克经常提起一个叫谢丽尔的姑娘,他们俩住在同一幢楼。一天傍晚,他们因为楼里的火警警报响了,跑出时在某处遇到了对方。他们是仅有的两个都抱着只猫、穿着睡衣跑出来的人。他们俩都觉得这件事很滑稽,后来在楼里见到会互相打招呼。

几个月后,杰克告诉我,谢丽尔在出去游玩的时候,请他帮忙照看家里的猫和植物。他还开玩笑地说把谢丽尔的猫介绍给了自己的猫认识,意外的是两只猫相处得不错。又有一次,谢丽尔凌晨5点的时候听到杰克起床了,就跑过来敲门借牛奶。杰克还说她在楼道里拦住他问他近况如何,然后不知不觉聊了一小时。我对杰克说:

"你似乎很享受跟谢丽尔的每次相遇。"杰克却说"不是那样的",他觉得他们只是在相互利用。他只看到了这段关系里的"社会比较",却没看到实际发生的"情感联结"。

又过了几个月,杰克对谢丽尔的称呼变了,他称她为"我的朋友"。杰克开始注意到他俩之间的"情感联结"了。为了让他们关系更进一步,我在快要过新年的时候问杰克:"你有没有觉得谢丽尔很有魅力?"

他回答说:"她并没把我当成约会对象,她还经常出去跟别人约会。"

我问他:"是不是因为你这样想,才把你们的关系搞砸了?"

他郁闷地点了点头。我希望能够帮助他看清楚,是"社会比较"在阻碍他们情感的发展。

有一天,杰克开心得像换了个人一样。他说自己和房屋管理员聊天的时候,谢丽尔正好从他们身边经过。房屋管理员偷偷告诉他,谢丽尔跟邻居说过,住在这儿最开心的事就是遇见了杰克。实际上,谢丽尔也向杰克说过她喜欢他。当杰克告诉我这些时,我能看出来他终于准备好跳进恋爱的漩涡里去了。

一年之后,杰克和谢丽尔结婚了。而且,房屋管理员也被邀请参加了婚礼。

"社会比较"和权力

对很多人来说,身居高位、有权有势的人没有我们的朋友、爱人可爱。但是"社会比较"和"情感联结"无处不在，如果"社会比较"能被合理使用，它也会是一种享受。"社会比较"和权力能满足我们不少欲望：独处、与众不同、被注意、被尊敬、有影响力。我们每个人内心都有这些欲望，它们得到满足会带来生理上的愉悦。[15]

人的地位越高，他拥有的影响力和权力就越大。权力可以分为很多种。[16]比如我们也许会因为身处某个特定职位而拥有权力，这个职位有可能是你挣来的或是分配给你的。获得职位的原因可能是我们更有威慑力，或仅仅是周围人觉得我们知识渊博、很好相处。

当然，权力和等级不是一成不变的。如果挑战他人或被人挑战，我们有可能输也有可能赢，我们也可能会升职或者降职。在某些群体里，人的等级经常改变，因为它是凭个人的努力或价值而定的，非常灵活。有时我们降职是因为缺乏维护自身等级的能力。比如，如果我们想让下级做件事，但他不听你的，我们的地位就会下降。[17]或者我们用严厉的手段逼他们去做，我们的等级也会有下降的可能。比如，一个高中班里老是有几个捣蛋鬼，为了惩罚他们，老师给大家布置了许多额外的家庭作业，班里所有人都被惩罚了。最后，老师以为局面得到了控制，维护了自己的教师地位。但是，她在学生心目中的地位不升反降，因为学生们认为她想不出更好的方法来惩治那些调皮捣蛋的学生。

尽管"社会比较"不像"情感联结"一样，能给我们带来很多正能量。但是知道自己在群体中的位置也有好处，我们不用为到底谁是老大、应该听谁的而烦恼。想象一下我们每天工作的时候，找不到谁是负责人的情形吧。就拿体育比赛来说，输赢能够带来很多快感。为了能感受到提高一个名次后的激动之情，运动员们会拼尽全力，球迷朋友们也会感到很开心。同样，赌博、风险投资、约会也会带来这种兴奋的感受，大家会问："你得了多少分？""他赌哪个？""今天卖多少钱？""她最近在跟谁约会？"等等。

"社会比较"服务于"情感联结"

尽管人天生喜爱权力，但还是有很多人对追逐并且拥有权力感到不舒服。基本上，崇尚无私合作的人尤其不想跟权力打交道。当这些人被赋予权力之后，他们通常不会变得自私，而会变得更加无私。[18] 他们想运用自己的权力帮助身边的人，不管是认识的还是不认识的。实际上，当我们身为父母、老师、管理者、咨询师、辅导员的时候，大多数人都是这么做的。

跟其他物种相比，人类可能是最能为彼此付出的。深爱的人可以为对方付出自己的时间、精力，甚至自己的生命。有人不管自己的权力有多大，都会尽力去帮助那些与他非亲非故的人，而那些人可能对他根本没有任何帮助。科学家把这种行为解释为无私的爱[19]，他们的研究表明，一个团队里拥有利他精神的人越多，这个团队存活的可能性就越大。就像我们之前讨论内疚的时候说到，在古时候，利他行为（帮助每个队友的行为）意味着跟别人分享猎物。今天的团队生存主要是工作上的团队合作以及家庭成员之间的忠诚。利他精神可以通过基因或文化道德价值的方式传给后代，但不管是哪种方式，它对人类的生存都是有利的。如果一个团队里全是不劳而获或一心想往上爬的人，这个团队就很难存活。

大多数群体既存在利他主义者，也存在利己主义者。假如利他主义者能控制住那些爱揩油的利己主义者，那么这个团队便能拥有最佳的生存机会。千百年来，大多数人都在尝试控制少数的自私群体。只有这样，人类的整体幸福指数才能得到提升。[20]

我们不仅关心同组的其他成员，而且还会同情弱者。这是因为我们拥有跟他人共情、体会他人感受的能力。利他主义可以惠及每个人，就算那个人在世界的另一端，我们也能想象他的感受。当然，权力也可以延伸。比如在没见过某个人时，我们会想象自己比他厉害。其实很多人都觉得自己所处的圈子更高级，这是世界上大部分人的毛病。多亏有了媒体，我们才能知道世界上发生的各种事。正是因为共同的情感，每个人才会把彼此看成是自己的伙伴。

权力滥用

如果由地位发展而来的权力不受"情感联结"的控制，也不受利他主义文化的引导，这种权力就会被滥用。掌权者做事的时候，不会顾及他人的需要，还会经常下意识地想要控制别人。因为"社会比较"是人天生拥有的一种反应，所以每个人都有滥用权力的可能。举个例子，当实验的参与者得到一把椅子，坐在书桌后面。他不想后参与进来的人坐的位子比他好，他会做出对后来者不利的决定。这就像干活都想挑简单的干是一个道理。[21]

　　权力的获取手段通常很严酷，像是嘲讽、欺骗他人，甚至对别人造成威胁和伤害。但最极端的例子往往出现在滥用者的"怀柔"手段里。他们会通过甜言蜜语和欺骗来达到目的，或者编造"合理"的借口来驯服大家，好让群众忽视自己的感受。"你要做的就是抛弃你那不值一提的私心，"滥用权力者也许会拉拢你说："我这是为你好。"而实际上他是为了自己的利益着想。[22] 暴君最喜欢的方法就是让臣民相信，只有他才能保护他们不受外敌的侵犯，让每个人都专心对付外部威胁势力，而他和他的亲信则可以享受唾手可得的权力。

　　权力滥用是完全自私的表现。如果权力滥用者冷血无情，给他人造成了极大伤害，我们就说这种行为是邪恶的。

　　为什么有人如此疯狂地迷恋权力？可能他们的基因里有精神变态的成分。如果有经验的家长和老师能够及时发现他们的这种倾向，在他们还小的时候就控制住，这种迷恋就不会发展到不可收拾的地步，极端情况除外。[23] 更常见的是，有这种倾向的小孩是受父母影响，认为给予别人爱是很软弱而且有风险的行为，而权力填补了他们情感缺失的空白。比如兄弟俩被教导不要嫉妒彼此，事实上，一个残暴地控制了另一个，两个人都很渴望拥有权力。在学校，如果老师不能制止霸凌，就会有人因受到虐待，一心想要报仇。一旦他们得到权力，他们会为之疯狂，有时还会开枪杀人。

　　某些情形会让人做出施虐行为。一个滥用职权的领导实施高压手段，或利用员工害怕被炒的心理要挟他唯命是从。同样，这些员工也会虐待自己的手下，甚至变本加厉。这种情况在种族灭绝和监狱里特别常见。在监狱里，还有人鼓励狱警虐待犯人。此时，强调合理利用权力的法则已不再适用，因为有时人会突然做出特别邪恶的事来。尽管从某种意义上说，他们是因为害怕被群体抛弃才这么做的。[24]

"情感联结"服务于"社会比较"

有人会建设性地利用"情感联结"来达到"社会比较"的目的。比如，你跟同事团结一心是为了能升职进入管理层，或者你跟同学在学习上互相帮助来应对考试。互相帮助时，人们会慷慨地分享知识，但考试时就各凭本事。

不管目的好坏，知道人类什么时候为了获取权力利用"情感联结"总是很有用的。如果目的是好的，你得有心理准备。因为目标一旦达成，"情感联结"便会被削弱或结束，而这也很正常。但如果"情感联结"是为了对方的一己私利，你就能识破他的目的，拒绝假意联合。

个人界限

什么样的人就会有什么样的地位，这是跟别人区分开来的最好方法。我们有各自的态度、喜好和财产。我们也有不同的日程安排和工作，还有自我空间。简而言之，人与人之间是有界限的，我们想要拥有自己的独立空间。倘若地位越高，我们越有能力守住自己的界限。我们不用老是迁就他人的态度、喜好、日程安排或是各种要求。对于经常自我低估的人来说，他们很难维持自己的界限。

你地位越低，或者你自认为地位很低，那些地位比你高的人就越会忽视你的个人界限，指使你去办事。如果他们要求你花费时间与精力帮个忙，你觉得自己只好遵命。你觉得一定要尊重他们，但他们却不必尊重你。他们能够直视你，但你却只能低着头。

当个人界限被破坏时，我们会感到愤怒。自我低估的人很少展现自己愤怒的一面，如果表现出来，他们的界限是会得到尊重的。愤怒会让人不开心，有时完全释放反而会适得其反，但如果使用得当，往往会有不错的效果。你的愤怒会提醒别人要遵守规则制度，会让别人知道这样你会不开心。遇到冲突，你要坚持维护自己的利益，最后的结果是大家都相安无事。你如果等级太低，你的愤怒是无意义的，因为其他人会直接忽视你。其实，无效的愤怒或不恰当的要求会让你的地位变得更低。

梅丽莎意识到工作中的"社会比较"和权力

梅丽莎刚从大学毕业，对现在的工作环境很不满意。在她办公桌的小隔板旁边有一台打印机，打印机的声音，还有人们打印时的说话声都使她抓狂。她好想发牢骚，有个同事跟她一样也很不满。同事的抱怨不但没有得到任何回应，反而还被记录在日后的一次业绩审查报告中。梅丽莎感到十分震惊和愤怒，觉得公司一点儿都不关心员工。

我委婉地向梅丽莎指出，商业的本质就是竞争。梅丽莎和她的朋友在这儿工作，不可能受到家人般的贴心照顾。相反，公司为了员工能够开心并且高效率地工作，只会做到刚刚达标的程度。从我收集的信息来看，梅丽莎是公司里的明星员工，而她朋友却不是。

梅丽莎经常低估自己。我建议，如果她最近工作有所成绩，就可以提出换位置的请求。因为这样能显示她比其他同事更有能力，换座成功几率会更大。我教她要跟上级指出，为了保持原有的工作质量水平，注意力需要高度集中，这样才能避免工作失误，所以最好帮她换个远离打印机的位置。

跟主管谈过之后，梅丽莎换到了一个安静的工作环境，她开心地意识到，地位提高是能带来权力的。

"情感联结"超过"社会比较"

尽管"社会比较"和"权力"是我们生活的重要组成部分，甚至在很多情况下起决定性作用，但它们最后还是会被"情感联结"所打败。因为后者在生理、情感、精神上的重要性都要高于前者。作为社会性动物，人类最大的优势是抱团行动，保证彼此的安全、抚养后代、寻找食物、摆脱病痛和伤害、玩耍练习、解决问题。如我所言，"利他主义"比"适者生存"的存在价值更大。

看看你周围的人，我们相互合作是为了一起生活、创造事物、管理赖以生存的群体。互联网是一种终极联结现象，里面有邮件通讯、聊天室、博客、人际交友网络以及自由交流平台。虽然网络也是一个充满竞争的地方，但我们不能否认它的本质是"情感联结"，而不是"社会比较"。

我们每天的努力也是如此，不仅仅是为了我们自己，还为了我们爱的那些人以及世界上不认识的其他人。我们对别人的爱能超越等级的限制。无私的爱是所有伟大思想的精神核心，帮助别人是对自己的一种奖赏。很少有思想家认为，"社会比较"或"处处以自己为先"会带给人类快乐。

将"情感联结"和"社会比较"结合起来

到目前为止，你可能觉得人生处处都是"社会比较"和"情感联结"，事实也确实是这样。团队里的每个成员潜意识里都知道谁的地位高，谁跟谁交情好。为了治愈"被低估的自我"，你一定要对生活当中存在的"社会比较"和"情感联结"有所认识。通过了解它们的交互关系，你才能看清楚在某种情况下，它们两者谁占主导。如果有的人看起来是以"社会比较"的口吻在说话，但实质是想建立"情感联结"，或者相反，你要能够识别出来，而不要把它们弄混了。你如果认为这两者毫不相关，那你也不太可能把它们分清楚。

第一章
"社会比较""情感联结"和被低估的自我

你得花点功夫才能知道,"社会比较"和"情感联结"可能同时存在。因为我们往往认为它们是两股单独势力,有各自的适用范围,互不兼容。为了事业有更好的发展,我们尝试解决工作中的"社会比较"和"权力"问题。但问题可能更多出在"情感联结"方面,比如没跟同事处好关系。除了工作,我们的心思都放在"情感联结"上,我们想要跟亲密的人关系更近,想多交朋友。但某些特殊的情感问题也许跟你的自我低估有关——觉得自己没吸引力、不聪明、不能维护自己、受到他人控制。

人类对"情感联结"和"社会比较"是很敏感的。我们用一句"我爱你"就能控制一个人的心,而说"按我说的做"也可能是在表达爱意。"社会比较"和"情感联结"总是占据着我们的大脑,结果导致我们自我低估。潜意识里,我们经常一遍一遍地想象并且演练自己的恐惧,似乎想要证明所有荒谬的自我价值判断都是对的。其实这些判断是基于对过往经历的恐惧,或是信息本来就不完整。你如果把生活的重心错放在"社会比较"和"权力"上,不管比重是大是小,你都有可能摧毁你跟他人的关系,影响潜能的发挥以及获得成功的可能。你生来就是要跟他人产生联系,爱别人的。每个人都有自己的影响力,能够享受竞争并且拥有权力。总而言之,每个人都会选择最适合自己的。所以我们要学会了解"社会比较"和"情感联结"在生活中的具体表现,这是我们解决自我低估问题的第一步。

学以致用

知道了"社会比较"和"情感联结"是如何构成"被低估的自我"的基础内容之后,我们已经准备好了解自己日常行为中包含的"社会比较"与"情感联结"成分了。阅读下面的列表,如果所列内容符合你的情况的话,请在旁边打勾。

情感联结

- 我知道怎样帮助别人表达内心深处的感受。
- 我会经常给我喜欢的人准备惊喜,像买礼物,关心他们之类的。
- 我知道怎样让人不再感受到自我意识情绪。
- 寻求别人的帮助或照顾,对我来说是件很容易的事。
- 我知道怎样能让人与人之间变得更亲密。
- 我知道怎样劝架。
- 跟陌生人见面时,我们期待对方会欣赏自己。
- 如果我是唯一拥有食物的人,我要么跟大家分享,要么偷偷自己一个人吃。
- 我生命中有几个能进行深入、亲密、真诚交谈的朋友。
- 当我跟人交谈时,我会看着他们的眼睛,并且适时地微笑。
- 当我跟某人意见不合或者讨厌某人时,我还是能完全理解对方的立场,了解他或她的感受。
- 当我不开心时,我知道身边的家人或朋友能使我心情好起来。

社会比较

- 当我开始做某件事的时候，我不会怕失败。
- 如果有人利用自己的权力帮我，我会很清楚。
- 当我做得好时，我真心为自己感到自豪。
- 当我面对重大失败，感到自己一无是处时，我心里有个声音告诉我这并不是事实。
- 面对重大失败时，自己会像没事人一样，不会感到沮丧。
- 我有办法在失败后走出内心的沮丧。
- 如果有人说了好话，办了好事，我经常能分辨出他们是真心的，还是只为了找我帮忙。
- 面对别人的批评，我心怀感激。
- 如果我有好点子，我能在一群陌生人面前把它大声说出来。
- 我能在公众面前演讲。
- 如果一场演出或比赛我准备得很充分，我会感到信心十足。
- 我能捍卫自己的界限，为自己发声。
- 当别人利用我，不考虑这样做可能给我带来的伤害时，我能够发现他的意图。
- 我能联合大家一起对抗权力的滥用。
- 我能在自己受伤之前逃离虐待关系。

你在这两个列表里打勾越少，你需要从这本书里学习的东西就越多。你如果在一个列表里打勾的个数远超另外一个，这本书会教你如何平衡好"社会比较"和"情感联结"的关系。

选择对的人陪伴你

还好没有什么先天或是后天习得的倾向是无药可救的，甚至包括失败反应。就像滴眼药水的时候，你能控制自己的眼睛不眨一样。当你选择这样做的时候，你可以学着灵活控制你的那些自我意识的情感。现在你就可以实践一下。

打开你之前为这本书准备的笔记本，在这章的一开始，你分别写了两列人——你喜欢和不喜欢的人。你也许想看一下联系人簿或地址册，看看有没有人被漏掉，有的话请添加到名单中去。这时，把你喜欢的人的名字遮起来，你会看到那些你讨厌的人名，它们会激活你的"社会比较"模式。注意这时候你的心情正在变差。现在把这群人名字遮上，你会只看到和你有"情感联结"的人，看看你的心情怎样转变，自信心是不是有了提升。这个方法告诉我们，我们可以有意识地改变自己的内心感受——想想自己喜欢的人或者跟喜欢的人待在一起就会变开心。

更仔细的观察

在每个名字旁边或下面，写下你对你们之间的"社会比较"关系，以及"情感联结"关系的观察。有没有上下级关系让你感到被欺凌？还是这个人利用职权帮了你大忙？在你的"情感联结"关系中，有多少是真爱？在"情感联结"的关系里，是不是也会有"社会比较"的存在？相反地，在"社会比较"的关系里，是不是也会有"情感联结"的存在呢？你的目标就是看清表面关系之下，"社会比较"和"情感联结"之间的关系。

也有一些例外，在"情感联结"之列的人并不都是让你感觉不错的人，而让你感觉糟糕的人也不一定都会去"社会比较"那一栏。比如以下情况：

1. 让你感到开心的人里，有没有谁跟你之间存在"社会比较"关系？为什么会有这种情况呢？如果地位高于你的人表扬你，或仅仅准确说出你的工作进度，都会让你感到开心。如果同伴帮你打下手，你会很享受他的帮忙。你知道这种友情不会长久，因为你们俩是为了升职才一起合作的。或者你是别人的上级，很享受他对你的尊敬，还有职位带给你的权力和影响力。

2. 让你感到不快的人里，有没有谁跟你关系还不错，但其实你们之间的关系还是以"社会比较"为主？比如说，这个人是否经常表现出高人一等的样子，让你感到羞愧和无能呢？或者你因为自己地位比别人高，觉得对方很无聊或难以认同他的观点或信仰，然后不愿跟他相处呢？

3. 会不会有一个人的名字同时出现在两个名单上，他既让你开心，又能让你感到不满？你们是否用"社会比较"的手段来达到"情感联结"的目的？或者用"情感联结"的手段来达到"社会比较"的目的呢？是你还是他呢？

4. 想想你爱的人。假设他们在让你开心的那列人里。但你有没有担心过，跟他们对你的情感比起来，你是不是更需要或更爱他们呢？你有没有这样比较过呢？

5. 你想要跟开心名单里的某个人加强联系吗？你会怎么做呢？

6. 看看出现在不开心名单上跟你有"社会比较"关系的那些人，有谁利用他或她的权力欺压你？你如果地位比里面某些人的要高，你为什么还会感到不快？比如，是地位高给你太多责任，还是地位低的人老是求你帮忙，还是有权力这件事让你感到不安呢？

选择正确的团队

列出你拥有的所有关系：家庭、俱乐部、团队、社会团体和同事等等。这些既包括两个人的小团体，像朋友或伴侣关系，也可以包括你以前参加过的一些重要团体，比如你的高中班集体。还有些你可能并不十分了解的团体，像是你参加的组织、同年龄层的人、同民族的人群等。换句话说，你要列出那些影响你自我认知的团体。现在用横线划出让你保持自我感觉良好的团体，圈出其中对整体自我价值影响最大的一个。如果这个影响是负面的，立刻把你的注意力换到使你自我感觉最好的团队中去。

一天当中的"社会比较"和"情感联结"

想想昨天吧。选择一两个"与人接触"的过程，大致描述一下你感受到了百分之多少的"情感联结"，以及百分之多少的"社会比较"。数字不一定要很具体，但一定要能表达你在每次交谈中的内心感受。还有，你如果遇到"社会比较"的情况，想想你是否曾有自我低估的倾向。

比如，早上醒来跟身边人打招呼的时候，你也许感受了90%的"情感联结"。美好的一天总是这样开始的。你如果一点儿都不担心自己刚起床的样子很丑的话，你的"情感联结"指数可以达到100%。你如果觉得他刚睡醒的样子也不咋地，这说明你有自我低估的倾向。

然后，你开车上班的时候，路上会有各种各样的摩擦——80%的"社会比较"。你会为着急变道的人降低车速，但也有人为你让道，所以你没有产生自我低估的情绪。

上班跟一个同事打招呼，你之前刚顶替他成为老板新的得力助手。虽然这并不是你的错，但他因此很受伤——70%的"社会比较"。尽管你现在职位比他高，但你感到有点内疚，甚至很羞愧，你有点自我低估。

老板约见你，你们交谈很融洽——50%的"社会比较"。因为他是你的老板，所以有50%的"情感联结"。跟他在一起的时候你没有自我低估。

你跟一个顾客谈得很愉快——60%的"情感联结"，但有40%的"社会比较"是因为你不能失去这单生意，所以她说什么你都会表示赞同，可能你心里并不这么想。但你感觉谈得很成功，没有自我低估。

你跟一个好友一起吃午饭——90%的"情感联结",要不是之后感到有点不愉快,本来可以达到100%。你们俩吃饭都是轮流买单,但你不记得上一次是谁付的钱,她开玩笑说你忘记的真是时候。那顿饭之后,想到她说的这句话,你经常会感到羞愧。你现在怀疑你们之间是不是"社会比较"的关系更多一些,因为她老是会让你低估自己。

下班后你去了健身房,感觉你是里面最不健康、身材最差的人,你感受到了100%的"社会比较",能意识到你在低估自己。

第二章

六种自我保护手段:
隐藏自我低估

人们很难意识到自己何时会陷入"社会比较"以及自我低估的境地，也不知道何时会完全丧失信心。因为在大多数情况下，我们会下意识地保护自己，避免这种羞愧感。上一章提到，失败会让人产生羞愧感，为了寻找能避免这种痛苦的方法，我们得首先弄清楚有哪些自我保护手段。

一般我们有六种主要的自我保护手段：弱化自我（minimizing）、责怪他人（blaming）、不竞争（non-competing）、超越自我（overachieving）、自我膨胀（inflating）以及投射（projecting）。这些保护手段会防止我们意识或体验到那些糟糕的感受。但这些防御机制也会像失败反应和负面自我意识情感一样，给我们带来很多麻烦。比方我们为了自己，把失败怪罪到别人头上，但总有一天我们会知道是自己错了。

通常情况下，我们意识不到自己在使用自我保护手段。因为一旦我们能意识到它的存在，自我保护手段就不管用了。它既可能用来迷惑自己，也可能用来迷惑别人。它的目的是不让任何人了解自己所处的位置，包括我们自己。"谁？我吗？我没觉得自己无能，也不认为自己有什么好惭愧的。"这些自我保护方式掩盖了你自我低估的事实，所以你需要把这些表象剥离开。这样你才能看到、感受到，并彻底消灭掉你的虚无感。如果能够做到这一点，我们不仅会意识到自己在什么时候使用自我保护手段，还能看出别人在什么时候使用它们。意识到这些之后，我们就不会怪罪别人或是有低人一等的感觉。因为你知道那些人是在故意吹嘘自己，你也不会因为别人的自我低估而感到有压力。

评估我们的自我保护手段

由于在正常情况下，人们不会意识到自己在使用这六种自我保护手段来维护自己的地位，所以这里有一些建议能帮助到你。请在下列指导下回答问题。

- 不管是过去还是现在，不管陈述看起来多无理、多不友善，如果答案是肯定的，请在选项后写下"T"。
- 你即使很不想承认答案是"错误"的，也要在选项后写下"F"，因为借此机会，你可以思考一下真实的自己到底是怎样的，而且你要努力留意那些平时想要回避的想法。
- 每个问题分开作答。不要担心后面的回答会与前面的答案相矛盾。相反，把这次答题当作全面认识自己的一个机会，包括那些自我低估的部分。面临的情况不同，每个人使用的自我保护手段也不同。
- 不要评论自己。承认某些想法是真实的并不可耻，这只能表明你有过这样的想法，但不能代表你真的做过；也许你实践过一两次，但在当时特定的情境下这么做是可以理解的。
- 如果不想给别人看到自己的隐私，请把答案写在一张纸上，不要写在书上。但要保证答案能随时被查看，因为我们后面还会用到。

1. 我相信每个人都只会为自己着想。
2. 在内心深处，我知道自己最好不要相信任何人。
3. 当别人说我做得很好时，我并不会领情。
4. 在将来的某一天，我很有可能被抢劫、强奸或杀害。
5. 当某样东西被一分为二时，我总忍不住瞧哪块更大。
6. 当别人变得自私、软弱、懒惰或者贫穷的时候，我总会很抓狂，因为我最讨厌自己变成这样。
7. 我不会因为我的行为或言语感到内疚、羞愧，我会努力把它当成无关紧要的事，然后忘掉它。
8. 如果一定要在让别人开心或自己开心之间做选择的话，我觉得用我的余生让别人开心是不错的选择。
9. 我感到很无力。
10. 因为受到不公平的对待，我无法向前迈进。
11. 即使互相爱护的人也有可能互相利用。
12. 我的敌人很邪恶。

13. 如果某件事对我很重要，但我却搞砸了的话，我会装作没关系。
14. 我发现自己很讨厌一些人，讨厌他们的全部，但是这样的讨厌却毫无理由。
15. 我经常对自己失望，但我会努力做到更好。
16. 不管别人给我带来多大麻烦，如果我是一个品德优良的人，我会以德报怨。
17. 每当失败，我都会说是因为运气不好。
18. 如果大家都以诚相待，他们会承认有些人的待遇应该比别人好。
19. 我人生的大部分都是第二名。
20. 我工作卖力，却从来不关心身体健康问题。
21. 我发现大多数人都很丑恶。
22. 我尽量不给别人惹麻烦。
23. 开车时，我很在意是不是有人想超车。
24. 我会不惜一切地避免跟别人起冲突。
25. 如果不会对大家造成太大伤害的话，我愿意做打破规矩的那个人。
26. 如果我觉得某件事胜算不大，我会认为整件事愚蠢之极，或不值得去做。
27. 有人告诉我，我总是任人利用。

> 28. 当我是集体或组织的成员时，我不太愿意关心"办公室政治"。
> 29. 我总是看人看走眼。
> 30. 我老是觉得大家喜欢小题大做。
> 31. 我认为这世上有很多坏人。
> 32. 在我没有证明自己的实力前，我不会放弃自己的职业道路。
> 33. 如果我想别人一直喜欢我，我得让他们一直对我有个好印象。

以上这些条目是为了捕捉我们在生活中进行自我保护，防止他人贬低时的具体行为表现。其中1、2、5、11、18和19条告诉我们，一个人在多大程度上把"社会比较"奉为人生哲学。通常认为这几项符合自我情况的人也会同意其他一些选项的描述。有些看起来像是正常行为，完全不像是在采用自我保护手段。比如你认为"人不为己，天诛地灭"这种假设普遍存在。当然，在某些情况下人们只会考虑自己。但你如果认为不管在任何情况下，人都只会为自己着想的话，这就表明你身上有自我保护手段在作祟。

每个人都会面对"社会比较"以及使用相应的"自我保护手段"。我们要学会承认并发现这些行为。你可以利用下面的指导找到自己最依赖的自我保护手段。

你如果觉得7、13、17、26和30条的描述符合你的情况，则你可能用了"弱化自我"手段。

你如果觉得 1、2、4、9、10 和 19 条的描述符合你的情况,则你可能用了"责怪他人"手段。

你如果觉得 8、16、22、24、27 和 28 条的描述符合你的情况,则你可能用了"不竞争"手段。

你如果觉得 3、15、20、32 和 33 条的描述符合你的情况,则你可能用了"超越自我"手段。

你如果觉得 1、11、18、21、23 和 25 条的描述符合你的情况,则你可能用了"自我膨胀"手段。

你如果觉得 6、12、14、29 和 31 条的描述符合你的情况,则你可能用了"投射"手段。

六种自我保护手段

我们每个人都会时不时地使用这六种自我保护手段——弱化自我、责怪他人、不竞争、超越自我、自我膨胀,以及投射。但在了解了惯用的自我保护手段,并且相应地减少使用次数之后,我们的生活会变得更加宁静快乐。如果一个人在上述测评中打勾的选项超过 18 项的话,他可能认为自己很需要保护。在这样的人眼中,"社会比较"无处不在,而且他肯定经常或一直低估自己。刚开始停止使用自我保护手段时你可能会感到很无助,很脆弱。你会在这本书中学会如何摆脱它们,这样能提升你与别人增进感情的能力,"社会比较"也不再使你感到焦虑。这些都是你想通过自我保护手段解决的问题。

> ### 六种自我保护手段
>
> **弱化自我（minimizing）**：在不利环境下，弱化或否认自己参与其中的角色；在有利环境下，降低人们对你的期待。
>
> **责怪他人（blaming）**：为了给失败找借口，谴责别人对你不公平，其实根本没这回事。
>
> **不竞争（noncompeting）**：否认对"社会比较"有任何想法，竭尽全力想要获得别人的好感。
>
> **超越自我（overachieving）**：为了获得更高地位没日没夜地工作，但永远不会满足。
>
> **自我膨胀（inflating）**：觉得自己天下无敌，或者认为别人眼中的你应该就是那样，不惜代价地想要成为众人眼中的焦点。
>
> **投射（projecting）**：不肯承认自己的缺点，反而投射到别人身上，其实那些人根本没有这些问题。

"弱化自我"的保护手段

弱化或不承认自己的问题使大多数人产生了防御心理。举个例子，我们可能会说，今天网球比赛失利是因为昨天工作太累了。比赛打得烂是事实，这点没法歪曲，但我们可以弱化自己在失败中扮演的角色，或者我们还可以弱化自己的努力："我今天没使出全力打。"或者弱化这个比赛的重要性，你甚至可以说你对网球根本没兴趣,"反正我对网球从来就没什么想法"。

另一种弱化的方法就是,委婉地把成败归结到运气或命运头上,说"今天运气不好"。或者比如一场游泳比赛输了,可以说"我又不想当救生员"。

还有一种弱化方式,比如事先说好自己并不擅长某些事。"高尔夫球比赛里,轻击球这一项是我最不擅长的,但没办法,来吧。"或者说:"我是个不善言辞的人,但我还是会去参加晚会的。"这样说可以减少别人对自己的期待。就算失败了其他人也会理解,至少我们没有吹嘘自己,这样就减少了高估自己可能带来的羞愧感。

弱化自我操作性强,使用率高。如果你把它当成自我保护的手段之一,就说明你对他人的防御性很强,同时也表明你处在一个"社会比较"的模式中。比如,你和朋友一起换泳衣准备游泳,你可能说:"你身材真好。我去年穿这件泳衣很显瘦,但我最近有点胖了。如果我坚持经常来游泳,体重又会下去的。"可能你说的都是实话,但是是谁又在相互比较?当你有了那些想法,你要意识到"被低估的自我"又来占据你的头脑,想要让你避免羞愧。

"弱化自我"在工作中的表现

斯图尔特在一家公司待了几年,职位从来没提升过。他业务能力强,还上完了所有升职培训的课程,但他就是不去参加最终的能力考核测试。只要通过测试,他就能升职。可他却说自己对升职没兴趣，还觉得每个人都争先恐后地想升职非常可笑。他说那些人"为了几块钱就让自己累死累活的"。

实际情况是，斯图尔特有学习缺陷，只要是有时间规定的考试，他都没办法考好。小时候，没人发现他有这个问题。在经历每年分数都垫底之后，他对考试丧失信心了。但是有几个老师发现他其实很聪明。他们帮助他进入了一个对考试成绩没什么要求的行业。但斯图尔特仍然不想因为考试再次身陷尴尬的境地。只要不让他考试，就算工资低也没问题。他不断地弱化自己，因为他不想再像小时候那样感到羞愧。

"弱化自我"在亲密关系中的表现

克劳迪娅和罗恩是一对情侣。多年来，罗恩一直希望克劳迪娅能对自己的生活上点心。他希望她能减减肥，穿着得体，跟他一起把家里收拾得干干净净。克劳迪娅觉得这些并不是什么大问题，也没有做出任何改变。她总说："我只是爱吃而已，至少我没有整天买买买啊。"

有时罗恩也会采取弱化自我的手段，减轻自己受困扰的程度。他告诉自己，克劳迪娅不是那种整天照镜子，担心自己妆容的人，而且周末不打扫房间，他们还可以做更多有意思的事。

克劳迪娅知道自己饮食不节制，对这一点她倍感羞愧。因为她胖，所以她没办法使自己变得更有魅力。对她来说，任何努力都是白费。她的沮丧情绪也会被带到日常生活中，但她总是弱化这些问题。

后来罗恩换了份工作，需要经常出差。有一次他到另一座城市拜访大学旧友，在那碰到一个跟克劳迪娅风格完全不同的女性。她叫休·艾伦，是个很有魅力的女性，家里收拾得很不错。而且她庄重、体贴，不惧谈论自己身上的缺点，包括她之前选错了丈夫。现在她是单身状态。

罗恩想，如果他能和休·艾伦这样的人一起生活，一切都有了新的可能。他讨厌自己背叛克劳迪娅的感觉，真心讨厌。但他一想到自己在家过得那么不开心，并且以后可能这样过一生的时候，他打了个冷战。出差回来后，罗恩一进门就跟克劳迪娅谈了他的想法。他想要克劳迪娅跟他一起去接受情感咨询。

但克劳迪娅笑了一声，说："我们？我们不是会干这种事的人。"

当罗恩一而再、再而三地提出这个要求，却屡遭克劳迪娅拒绝时，他知道他们的关系结束了。

讽刺的是，在罗恩离开之后，克劳迪娅却做出了改变，她知道自己再也不能忽视自己的缺点了。她去寻求帮助，后来她惊奇地发现：要变成期待中的模样并没有想象的那么难。

"弱化自我"的更多表现

无意识假设："地位低点没关系，只要我不在乎'社会比较'，不在乎自己付出多少就行。"

口头禅："我还没使出全力呢——这次只是练习。""我刚才太忙了，精神没能集中。""大家为什么这么在意这种事？""我运气实在是太差了。"

其他可能的表现：

- 每次说到你的时候，你都有很多借口，比如今天身体不舒服，或者昨天睡得太少。
- 你认为人的一生都是由命运或者运气支配的。
- 你如果对自己不满意，或对周围发生的事不满意，你会尝试忽略它们。
- 尽管你心里清楚某件事对你的重要性，但你不肯承认。
- 其实你知道自己遇到困难了，但你不想承认。

"责怪他人"的保护手段

"是她绊我，我才摔倒的。"或者"我是被骗了才会一败涂地。"当然，可能确实有人绊了你一脚或者欺骗了你。如果确实是别人的责任，我们可以责怪他们。但如果我们经常为自己抱不平，它就有可能变成一种自我保护手段。

"责怪他人"往往是内心的"社会比较"取代"情感联结"的表现，而我们自己并没有意识到这种转变。举个例子，你去帮好朋友搬家，搬到一半时，你发现她什么都没计划好——东西没有打包，也没有人手帮忙搬运大件物品。你生气了，这时你想到的不是坐下来跟朋友商量一下，说出你的难处，帮她想想可行方案。你想到的是你被她利用，不被重视了。现在"社会比较"就代替了"情感联结"。你假设她认为自己有权力对你呼来喝去，像是领导指使下属干活一样。无论你有没有清楚地意识到这点，你都会因为默许别人这么做，而感到被人利用，并且没面子。

你不想做一个没有爱心、自私、小气的朋友，但这三点你好像都占了。在这种情况下，保护自己的唯一方式就是责怪你的朋友，从她身上讨回公道，让她承认自己做错或向你道歉，这样你才能停止贬低自己。现在换她被你责备了，但这样你们的友情会受到伤害。

不管一个人突然感到不满的理由是什么，一旦找到个替罪羊，他就会把责任全推到对方身上，避免使自己感到羞辱。我把这种现象叫做"羞辱球"现象。一旦看到羞辱球，我们就会把它扔给别人。"是你干的，不是我。""是你的问题，我什么毛病也没有。""是，是我干的，但你不也老干这事吗？"当脑子里都是这些想法时，我们不会想到要停止扔球大战，因为我们太害怕丢脸了。

"责怪他人"事出有因

你很可能因为过去的某种遭遇养成"责怪他人"的习惯。比如同组的一个人对你心存偏见，当他跟你面对面的时候，你很难想象自己不会对他充满敌意。实际上，你完全有理由不信任他。然而这种不信任，包括用"社会比较"的眼光看待每件事，会让我们脱离正常的生活轨道。因为想要保护自己，我们会拒绝别人的帮助和好意，还会责怪他们动机不纯。

如果一个人有被歧视的经历，那他很有可能会低估自己。想要切实认清"情感联结"和"社会比较"，我们必须承认自己被歧视，而且因此受到伤害的事实。如果我们不承认，这种负面的自我意识情感会同被低估的整体自我价值一起被压在心底。这样我们就很难意识到自我低估的问题。最后，我们会不停地责怪他人，即使在没有"社会比较"的情况下也会充满敌意。

当一个人承认自己受到歧视之后，他自然会感受到所有负面的"自我意识情感"——内疚、焦虑、沮丧和羞愧，还有因为身份低下而无法表达的愤怒。这对短期内敞开心扉、治愈伤痛非常重要。如果想要承认自己被歧视的事实以及它带来的影响，我们需要提高群体意识，并与理解自身过去经历的人交流谈心。跟别人在一起会给我们带来安全感——可以不用隐藏自己的愤怒，诚实表达自己的负面情绪。遭受歧视的人还会使用其他自我保护手段，像是"不竞争"以及"超越自我"。[1]

"责怪他人"和"歧视"在工作中的表现

莫德是一位非洲裔美国人，而且是位同性恋。她承认自己有责怪他人的习惯，需要时刻提醒自己注意。她不想无端指责别人，好像全世界都欠她的一样。她因为自己的种族和性取向受到很多白人，包括黑人的歧视。这些歧视已经成为她生活的主要内容。莫德在上大学期间，对一些心理学家的实验很感兴趣。这些心理实验可以利用人们对某些潜在线索的无意识反应（subliminal cues）来揭示他们是否对某项事物有偏见。测试结果表明，几乎每个人都对非裔美国人有偏见——其中包括非裔美国人自己。[2] 同样，关于女性是否受到歧视的结果如出一辙。比如，学生要给一份授课讲义打分。如果他们知道这是一位女老师编的，不管是男学生还是女学生，最后打出的分数都相对较低。[3]

后来，莫德递交了研究生申请。进入研究院后不久，她就收到一张匿名纸条，纸上写着学院主席讨厌同性恋，她最好不要暴露自己的性取向。她在申请研究生时，就已公开承认自己是同性恋，而且该研究院是有少数群体配额规定的。她很不解，猜想他们是否一方面讨厌同性恋，另一方面因为她的黑人身份而录取了她。莫德想起主席之前的一些举动——他从不在自己参加的活动中露面。还有他的神情和阴阳怪气的语调，可能是在对她暗示些什么。

莫德十分生气，很烦恼不知道该如何应对。她有两个关系很好的研究生同学，三个人经常一起聊天。另外两个同学看她这样，便问出了什么事，但莫德一句话也没说。这两位白人女性嘲笑她乱了方寸，缠着问她到底发生了什么事，但她还是不肯说。

最后，莫德再也无法忍受。她去了主席办公室，主席助手出来阻拦，莫德威胁说要揍她。后来莫德进了办公室，把那张纸条扔在主席桌上，说："您最好解释一下，不然我保证让全国所有心理院系的人都知道您的为人。"幸运的是，主席没理她，反而拿起纸条读了起来。

"这是谁写的？"主席问道。

莫德说她不知道。就在那一刻，她想起主席向来对她友好和善。为什么她会相信一张匿名纸条上的话，而忽视主席的友好呢？

她的两个朋友这时就站在门口，莫德听到她们说："谢天谢地你终于把事情说出来了，我们也是没事找事。"她俩承认纸条是她们写的，只是想开个玩笑。

莫德再次感受到了愤怒，很明显罪魁祸首就是她的两个白人朋友。但是她们低估了这种恶作剧对黑人和同性恋的羞辱有多严重。莫德知道这两位朋友并没有恶意，她也责怪自己没能看穿匿名纸条的把戏，包括她们之前的嘲笑和追问。用心理学的语言来说，她自我低估的程度太厉害。如果她不使用大量的自我保护手段来逃避羞耻感的话，她不可能拥有现在的成就。责怪他人只是其中的一种。莫德太成功了，连白人也认为她是位厉害、聪明、自信、坚忍不拔的女性。为了自己好，她必须接受别人的眼光，并且收敛自己的脾气。

关于偏见方面的研究，莫德做出了自己的贡献，也因此成名。她后来成为一名广受欢迎的老师，大家都想上她的课。但她承认自己还需要跟"责怪他人"的习惯作斗争，因为它随时可能再次出现。

过去发生的家庭问题

也许是家庭偏见让你习惯了"责怪他人"。唐就是这样一个例子。

在父母眼中，唐是个在体育、学习方面都没什么天赋的孩子。父母对他很失望，认为他不配成为家庭中的一员，而且还开玩笑说唐肯定不是亲生的。

因为没什么特长,当时还是个小孩子的唐感到很自责。慢慢地,他对成功也就不抱什么希望了。直到他考进大学,他对自己的这一想法都毫不知情。相反,他觉得大学里没人认识他,一切可以重新开始。所以他努力学习,在某些科目上取得了不错的成绩。其实他是个很聪明的孩子,但他内心的自我否定依然存在,一旦他哪门没能拿到满分,他就会觉得自己很没用。为了消除这种无力感,他选择责怪他的老师,说:"这老师一开始就讨厌我。"

为了表示抗议,他作业也不认真完成,老说题目出得有问题——找茬他很在行。或者他会说自己的想法太过新颖,老师无法理解。为了显示自己比别人厉害,他经常旷课迟到。他的这些"自我保护"行为,让老师非常失望。而唐却认为这恰恰证明了他的想法是对的,老师就是无法理解他。

一开始唐的朋友都很同情他的遭遇,还认为跟老师对着干是件很酷的事,因为他们知道唐其实很聪明。但时间久了,他的朋友们也意识到这样有点问题,慢慢就不跟唐一起玩了。不幸的是,唐不愿意面对心底最大的恐惧,因为他不想承认自己是个没人教没人爱的孩子。相比这一点,他觉得责怪那帮朋友来得更容易些。他是依靠责怪他人而活着的。

"责怪他人"的更多表现

无意识假设:"如果失败不是自己的错,而是不公平造成的话,那我就不是一无是处了。"

口头禅："有人就想让我输。""每个人都针对我。""大家都造谣、诋毁、丑化我。""命途多舛啊。"

其他可能的表现：

- 有人暗示你经常"觉得自己受委屈",或怀疑你有歪曲事实之嫌。
- 你觉得别人亏待了你,于是一次又一次地跟人绝交、换工作。
- 有时你觉得错怪别人会有点内疚。虽然他们待你不公,但并不是有意为之。
- 你是被动攻击型人格,你如果觉得有人待你不公,会对他使小绊。
- 你极其讨厌（或乐于接受）"受害者"这个称谓。

"不竞争"的保护手段

在使用"不竞争"手段时,我们下意识地想要否认权力的存在。我们害怕"社会比较",因为比较可能会带来失败的打击。这种自我保护不是出于任何宗教或道德的原因,比如想要舍己为人——这种不应该称为"自我保护",而是"无私奉献"才对。也不属于自认地位低下,奉承别人这种情况,因为这意味着承认"社会比较"这回事。相反,这种保护方式不仅会对"社会比较"视而不见,而且你还感觉自己凌驾于它之上。你可能会说："谁会记那种事,反正我不会""我是这里的和平大使""我不在乎别人怎么想""我不要任何勋章,我只想帮助大家"。

另外，用这种方法拒绝"社会比较"，会让别人认为我们自愿处于食物链的底端。所以他们不会顾及你的感受，反而把成堆的工作和杂活丢给你。这种"不竞争"手段还有一个隐藏的缺点：每当需要行使权力时，你都会犹豫不决。这样不仅不会带领大家一起进步，反而会导致下属之间的冲突和不愉快。

当"不竞争"者有了权力之后

如果一个拒绝"社会比较"、甘愿垫底的人被赋予了权力，他会陷入前所未有的困境。这就是韦斯顿面临的挑战。

韦斯顿有一个很可爱的儿子叫巴德，这让他感到自己还是有点价值的。但他完全不知道如何当一个12岁孩子的父亲。他的儿子瞧不起他，不想跟他待在一起，还老是为了得到某样东西而顶撞他。巴德每天都是半夜溜出去，到凌晨才回来。韦斯顿对儿子的去向全然不知。在家里，韦斯顿每次都会偷偷帮儿子干家务活。他怕被老婆发现自己命令不了儿子干活，这样会很没面子。正因如此，巴德更加无法无天了。

韦斯顿解释说自己奉行的是"以孩子为中心"的教育方式，希望儿子能表达自己的真实想法，什么事都由他自己做主。但实际上，研究表明，完全放纵孩子的父母和专制的父母一样，对孩子的成长都是不利的。恩威并施是最简单有效的教育方法：制定合理的规矩，关心爱护孩子，用孩子能听懂的方式跟他们解释。相反，韦斯顿因为害怕儿子出言顶撞，采用"不竞争"手段来逃避父子间的冲突。

这样做的结果可能会使巴德越来越不服从管教。正因为韦斯顿无法面对失败的恐惧，所以他采取了"不竞争"手段，而这对小孩很不利。

极端的"不竞争"行为

"风趣阳光的莎伦"今年55岁，她从31岁起就一直待在一家公司，从没换过老板。她经常说办公室的同事比她的家人还要亲。她从不计较得失，也不在意老板夸奖谁。身为行政助理，她跟老板一样不知疲倦地工作，希望公司能发扬光大。晚上和周末加班对她来说几乎是件乐事，这要比自己一个人在家好多了。但后来老板把公司卖掉，得了个好价钱，去夏威夷过上了退休生活。老板走之前给莎伦留了一笔奖金，热心地把她介绍给公司的新老板。莎伦很感谢他的慷慨，也很自豪自己并不贪心。她想要的只是拥有一套属于自己的房子，而且她已经存够付首付的钱了。

新老板决定裁员，而莎伦是第一批要被开除的人。因为她跟积极进取的新CEO完全不是一路人。关于公司的人员变动，大家都很忐忑，没有人关心莎伦的特殊困境。每个人都跟莎伦说日后保持联系，但她知道大家都很忙，说不定没空联系她。她的这一段生活就此告一段落。

在接下来的一年半时间里，莎伦什么工作都没找到。她待业在家，靠积蓄度日。后来她终于找到一份工作，但薪水只有原来的三分之二。对金钱的不安全感让她没能买成房子。她为除自己以外的所有人着想。她不想承认在任何组织里都存在竞争这回事,其实在企业里更是如此。如果她一直没有晋升,受苦的只能是她自己。

"不竞争"的更多表现

无意识假设:"我很没用,最好别去跟人争。""除非我从来不顶撞别人,否则没人想跟我待在一起。"

口头禅:"我就喜欢别人都开开心心的。""我从来不会计较什么。""输了也没关系。""你说什么就是什么。"

其他可能的表现:

- 你跟朋友之间有不成文的规定,你不会批评他们,但如果他们批评你,你会不开心。
- 你相信每个犯错的人都会吸取教训,不需要你去多嘴。
- 你一直说你不在乎别人如何看待你。
- 很多年后你发现你一直追随、服从的人并不关心你是否幸福。
- 你跟伴侣定期发生性关系只是想让他开心,即使你并不情愿。

"超越自我"的保护手段

利用"超越自我"手段的人很喜欢得到别人的夸奖,他们会觉得被夸奖时的自己是世界上最完美的人。通常每个人很早就开始使用"超越自我"手段,并会一直使用下去,但有时候它只能起到一时的作用。比如在爱人抛弃你后,你知道自己还没准备好接受新的恋情,但却迫不及待地想要通过新的约会来证明自己有吸引力。

小时候，家长或老师经常鼓励小孩要努力"超越自我"。一个小孩在家庭或学校遇到不顺心的事后，会慢慢产生挫败、沮丧和羞愧的感受。如果他有能力让学校里的老师喜欢、表扬他，他就会不断努力向上。老师经常鼓励小孩子要"超越自我"，甚至很喜欢他们这么做。但老师并没有意识到这会让孩子们对自己永不满意——一直努力证明自己。

其他情形也能激发"超越自我"手段的使用，比如身体残疾、身处少数群体或在某方面有缺陷等。在某一领域取得非凡成就会减少他们的痛苦，像学术、音乐、体育、计算机或任何一个拼死拼活就能获得成就的领域。你觉得这样可以证明自己的实力，并重获权力。你可以获得成功，不被别人打倒。但这种方法只能解决一时的问题，你不会因此对自己的"整体价值"有清晰的认识。你认为自己的价值只建立在你的努力之上。一旦停止努力，你就会变得一文不值。所以就算有过劳死的危险，你也要继续努力。

当然，即使你被别人说太拼命，也不能说明你使用了"超越自我"的保护手段。也许是因为你热爱工作才如此拼命。但你如果无法照顾好自己，没有时间休息，或没法跟你爱的人保持亲密联系的话，那就说明你在使用这一手段。

兄弟姐妹间的比较

我们经常忽视亲兄弟姐妹之间的敌对关系，如果父母处理不好，其中一个会永远活在失败的阴影中。

切尔西和卡梅伦是一对双胞胎姐妹，是一家五个孩子里最小的两个。她俩跟所有双胞胎一样，总有一个个头更大，更强势一点儿。双胞胎即便在子宫里也是一大一小的状态。在大家眼中，切尔西永远是可爱、听话、开朗的那个，而卡梅伦却不爱说话。每次切尔西跟其他小女孩一起玩的时候，卡梅伦就跟在她们后面转。在青春期之前，卡梅伦一直都很胖。父母亲很小心地以同样的态度对待两姐妹，不偏袒任何一方。但卡梅伦需要更多的关爱，才能让她不产生自我低估的心理。

卡梅伦上初中时，有位数学老师表扬她数学学得好。得到赞赏的卡梅伦很高兴，后来拼命学习数学想要取悦老师。初中毕业时，卡梅伦伤心地哭了，因为她再也见不到这位数学老师了。

高中时，卡梅伦出现了社交问题，因为别人经常拿她和"可爱、幽默、开朗"的姐姐比较，弄得她越来越害羞。但她同样又在高中的理科老师和数学老师那儿获得了鼓励，找到了精神的避难所。因为卡梅伦的化学成绩非常突出，所以她想在大学里选择化学专业。她担心自己可能永远不会结婚，所以为了能养活自己，她选择了化学工程专业。后来她成为了该专业的一名教授。而姐姐切尔西呢，她在获得文学学士文凭后毕业，开始了半职业的演艺生涯。

切尔西后来结婚了，生了两个孩子。但这时卡梅伦还是单身，她很嫉妒姐姐。有时她会莫名地讨厌化学工程学，讨厌所有男生都把她当同事或朋友，除此以外对她没有任何想法。某一天，有位学生请她帮忙鉴别本地供应水中的一种毒素,她突然下定决心,立志成为一个环保主义者。她内心深处的想法是,为健康的生存环境作斗争和姐姐"仅仅是一个母亲"的头衔比起来,重要得多。因为这个想法,她全身心地投入到环境保护的事业中去,别人都敬佩她有甘愿冒险、牺牲小我的伟大精神。她每晚忙到只睡几个小时,为此她感到无比自豪。虽然突破性的成就为她赢得了很多奖杯,但长期的压力也使她身心失调。

与此同时,切尔西成为了一位儿童畅销书作家。她还在一些学校里开设免费课堂,教一些家庭贫困的孩子读书。卡梅伦知道后,决定要出一本讲述自身奋斗经历的书,其实她这么做完全是为了不输给姐姐。后来,当切尔西因为帮孩子争取到更好的教育,而成为全国代表人物时,卡梅伦决定参加公职竞选,以环保主义者的身份展开竞选活动。然而,就像以前那样,切尔西总能很好地平衡自己的生活和工作。但对卡梅伦,大家只知道她的无私奉献精神,并不知道她饱受心理疾病的摧残。人们是这么评价卡梅伦的:"她不管做什么事都非常认真。"从小就认识这两姐妹的人都知道卡梅伦一生都想证明自己比姐姐好。

"超越自我"的更多表现

无意识假设:"如果我足够努力,就会有人爱我。没人能说我有哪儿不好,我不会觉得自己是个没用的人。"

口头禅："不管你有什么要求，我都能做到。""工作是我的全部，其余都不重要。""我改头换脸之后（减肥成功，拿到博士学位），自我感觉一下就变好了。""大家都说我有很多成就，但在我看来，那些根本没什么。"

其他可能的表现：

- 不管你有多成功，你都不会满足。
- 你感觉自己学业不精，别人却把你当成专家。
- 当有人批评你，或跟你做类似项目时，你会毫不留情地攻击他们，批评他们的工作，情绪激动得连你自己都感到惊讶。
- 别人说你是工作狂，从不花时间陪伴家人。
- 一不工作，你就浑身不舒服，寝食难安；但只要开始工作，你就会觉得心情愉快。

"自我膨胀"的保护手段

"超越自我"是想要取得意想不到的成就从而避免丢脸，而"自我膨胀"是直接让你感受到站在人生巅峰的荣耀。你比任何人都聪明、有魄力、有教养；你是有史以来最好的销售员，哪家公司都想要你；不管什么比赛你都能搞定，完全不用担心自我价值实现的问题。我们之前提到的唐，他主要运用责怪他人的方法，但当他自以为很有创造力，应该被主管领导赞赏时，也会自我膨胀。

我们都见过自恋的人，他们老是吹嘘自己是专家或是通才。其实这只是他们自我保护的一种方式，尽管有些人确实觉得自己很厉害。大家一般很难意识到这一点，因为每个人都会偶尔自恋。研究表明，有些人在面临失败时，会不由自主地抬高自己。[4]也许在怀疑或低估自己的时候，你会感到羞愧。所以你不得不夸大自身地位，防止被别人打败。

有时候人选择"自我膨胀"这种自我保护方式，只是因为其他手段的防御性都太强了。比如，有个人跟老板还有其他领导一起打牌输了，而且输得很惨。但他又担心自己说这样一些话，比如"今天真倒霉""输赢无所谓"或"如果我在网上学怎么打扑克牌，下次一定能赢回来"，会让自己很没面子。他想硬气一点儿，于是说："我最近销售业绩很棒，放心，不会欠你们钱的。"但可能他的业绩其实很一般。

当然，有些话听起来像"自我膨胀"，但其实并不是。有时候人的自我吹嘘并不一定是自我膨胀，只是一种拥有自豪感，或是拥有良好公共关系的表现。也许我们只是想让老板、男朋友或父母听到自己成功的好消息。"是的，我拿第一了。"除此之外，我们都只是在使用自我保护手段而已。比如我们会说："虽然你们有MBA学位，但我在这公司干了有三十年了。"这么说或许很明智，或许我们只是想掩盖自己学历低的事实。

当我们使用"自我膨胀"这一招时，说明我们对自己现有的成绩或分数是不满意的。我们仍然为自己的不完美感到羞愧。唯一能让我们宽心的就是让自己在别人心目中留下个好印象，或者说我们成功地掩盖了自己的缺点。我们不但要有很多钱，还一定得让别人知道；不但要饱读诗书，还要会夸夸其谈，炫耀自己的学识；不仅要比同龄人更能保持好身材，还要为了能在重要场合穿漂亮的裙子，提前禁食三天。

另外一个自我保护手段就是摆架子。假设你是委员会主席或是某个奖项的获得者，每当你感到自我价值不高时，你就会不分场合地提及自己过去的地位。当面对某种情况感到无能为力时，你会抬出自己的社会地位，说道："是，我是新来的，没你们了解这个国家。但我是个医生，这病不管在哪儿都是一样的。"

还有就是通过显摆自己的购买力来博取眼球。为此我们得住最好的房子，有最棒的假期，养最漂亮的狗。我们也许还会在体育比赛中展现魅力，保持竞争力。仿佛我们一旦落后于别人，就会变得毫无价值。又或者，在最没安全感的时候，我们会变得飞扬跋扈，开些过分的玩笑，确保大家还在关注自己。

在这些例子中，"自我膨胀"会让人有种高高在上的感觉，这样他就不会感到焦虑、羞耻、沮丧或者挫败了。因为一旦一个人的内心被"自我低估"占据，这些感觉就会出现。

父母教育下的"自我膨胀"

从长远角度看，如果我们帮助别人是为了显示自己很厉害，给自己长脸的话，这未必是件好事。比如，有人不需要你的帮助，你偏要帮忙——显得自己地位高一些。如果被帮助的人有一丝一毫的失败，我们都会很难过；如果结果不够完美，我们一定会找借口。如果有些家长有自我低估倾向，他们会想方设法让自己成为最好的家长，或者逼孩子成为最优秀的人。他们想借此来避免失败和丢脸，这是尤其危险的一种情况。

如果你的儿子没能进入少年棒球联盟，或者你女儿的SAT分数考得很低，或者家里刚学会走路的小孩还没学会自己上厕所，你会不会觉得丢脸？当然，每个人都想成为最好的家长（或最优秀的员工、小组成员以及无论其他什么），这无可厚非。每个人都想为自己的小孩感到骄傲，希望他们得到别人的赞赏。抚养孩子本身是一件很辛苦的事，因此所有认真努力的父母都应该得到表扬。但如果我们不为小孩着想，就会出问题。比如，一个小孩的性格很内向，但她妈妈不管这一点，迫使女儿成为大家都欢迎的人。

玛丽琳和史蒂夫是一对夫妻，他们之前在一个研究所里学习。结婚之后，史蒂夫渐渐地在他们共同研究的领域崭露头角，而玛丽琳却被推迟博士学位的授予。身为一位女性，玛丽琳有很强的好胜心，她认为"仅仅作为一名母亲"不能实现她的人生价值。她经常感到深深的沮丧。但作为一位坚强的女性，她克服了这一切，并把全部精力放在了女儿达伦身上。她希望女儿将来不管进入什么领域，都能成为一个领导者。她对女儿的各项排名都特别看重。所以达伦在4岁时就已经是一个出色的阅读小能手，在体操、唱歌、游泳项目上表现优异，还是模范三好生。只要达伦肯努力，样样都能拿第一。但刚上了一个月的幼儿园，达伦就被其他家长和老师控诉说太蛮横了，因为她老是会弄哭别的小朋友。听到这些之后，玛丽琳的心情又低落了，感觉自己在别人面前抬不起头来。作为母亲，她的付出就是为了能让女儿成为人人口中的好孩子，以此来弥补自己毫无成就感的内心——至少证明她是个好家长。

"自我膨胀"在工作中的表现

在单位里，雷有很高的职位。所以他的头衔很高，权力也很大。但是，他十分害怕跟晋升速度很快的年轻人同台竞争。因为他没能克服自己的不安全感，也没有为了共同利益帮助新员工，所以他没能成功展现出领导力。相反，他自我膨胀得太过厉害，大家都怀疑他是不是过分自信，对他的信任也开始动摇。他不仅吹毛求疵，还老是说别人的坏话，而这些人通常是在公司受到尊敬的人。不仅如此，他还老是吹嘘自己的过去。他相信自己的智慧和经验还能继续为他带来影响力。

"自我膨胀"的更多表现

无意识的假设："我必须让自己和别人清楚，我是最有资格、最合适的人选。这样才能掩饰我的无用感。"

口头禅："很少有人能跟我比肩，也很少有人能让我感到不厌烦。""我好像总能知道大家不知道的事。""大家往往无法反驳我。""你如果想要得到最好的，支持我是明智的选择。"

其他可能的表现：

- 你希望自己永远苗条、年轻或拥有健美的身材，并且只想跟符合这些条件的人待在一起。
- 你夸大自己的成就，却贬低别人的成绩。
- 面临威胁时，你会通过"摆架子"的方式来抬高身份。
- 当你的好朋友的档次变低，很有可能让你丢脸的时候，你会考虑和他绝交。
- 因为你无法控制自己的优越感，所以你没办法去爱别人。

"投射"的保护手段

"投射"这种自我保护手段很极端，但也很常见。心理学家所说的"防御投射"虽然是最容易被制止的，却也是最难被意识到的。这种方式会让我们把自己的不足投射在别人身上，而且我们对此还十分擅长。简单一句"我讨厌势利小人"可能表明你本身也有点势利。你如此讨厌别人势利，并时刻注意这一点，可能是因为自己的某次势利行为被人看穿，十分羞愧。你认为自己的势利是一种罪恶，而且不想承认犯过这种罪。你也许会说"我不敢相信她这么挑剔"，其实你才是爱挑剔的那个人。你经常把自己不想承认的缺点投射到别人身上。你如果不想承认自己魅力值低，你可能会不假思索地说："那些人多虚荣啊，只想着自己的容貌和穿着。"

要知道自己有没有使用"投射"的自我保护手段，最好的方法就是认真想想你很讨厌的那群人（不是因为他们对你或待人不好）。

你对那些人的厌恶是如此强烈，但却毫无理由。现在想一想讨厌他们的理由，是他们的性格特质，还是行为让你讨厌？比如他们目中无人、见死不救、说话拐弯抹角、贪婪、嫉妒、容易受骗等。认真分析你讨厌他们的原因，你身上是否也有这些特质，但你完全不能容忍？因为你如果一旦承认它们，你就会感到无比羞愧。你心里清楚人无完人，当然自己也不例外。然而每当你做出那些令人讨厌的行为时，你总是感觉很糟糕。

另外，如果我们有很深的羞愧感或无用感，我们会把自己的优点投射到别人身上，因为我们觉得自己不可能拥有这些美好的优点。我们会觉得别人的日子过得很开心，运气很好或是很有才华。但我们却不这么看待自己，尽管有时别人并不像我们想的那么好运。

"投射"会让你拒绝能跟你携手一生的人

罗塞娜是个很要强的年轻女性，在家里六个兄弟姐妹中排行老大。她父亲是个白手起家，有野心的人。在罗塞娜5岁的时候，她父亲把全家带离原来生活的发展中国家，来到了美国。她母亲为人很谦逊，身体不太好并患有抑郁症，无法照看孩子们。尽管她不喜欢待在美国，但还是努力地适应在这个国家的生活。所以，罗塞娜很小就挑起家中重担，对父亲百依百顺，为自己能帮家里分担压力感到自豪。

但在罗塞娜上初中的时候，父亲被调回原来的国家工作。在父亲的强烈要求下，她留在了美国，没能跟家人一起回去。父亲希望她在这儿抓住一切机会。高中生活对她来说是个噩梦,她非常想回家。虽然父亲找了美国当地的寄宿家庭来照顾她,但她还是觉得有隔阂。接下来的一年更糟糕:她不得不在美国拿奖学金上学和回国之间做抉择。

后来罗塞娜接受大学奖学金,大学毕业后成为美国公民,还找到了一份很好的工作。她是同批员工里晋升很快的那个,和父亲一样工作都很出色。就在这时候她找到了我,说想要一段稳定的恋爱关系却无法得到。男人们都被她吸引,但没一个是她喜欢的。在她看来,那些男人都不务正业,只想蹭钱花,不然就是太粘人了。

后来罗塞娜做了个梦,梦中有个男人出现在她的生活里,她打算用同上理由拒绝他。在梦里,她是在上高中的时候遇见他的。在跟我讲述梦的内容之后,她第一次回忆起自己孤立无助的那些夜晚——充斥着悲伤、不安、孤独。跟家人的分离和独自生活都让她感到害怕,这严重打击了她坚强独立的自信心,她知道自己有多想被别人呵护。

但是被人照料会让她变得像她母亲一样,父亲教导她这是一种软弱无能的行为。所以她把想跟人亲近,想要有人支持的欲望投射到跟她见面的男人们身上,想象他们需要她的照顾。跟罗塞娜一样,我们经常把自己鄙视的特质投射到别人身上。要不就是父母因为这些特质非常讨厌我们。要不反过来,我们因为父母的这些特质而讨厌他们。罗塞娜就是鄙视她母亲的懦弱,因为自己哪怕有一点点的脆弱,父亲都会瞧不起她。

"投射"在工作中中的表现

巴特出生在一个穷人家庭。老师都觉得他外表邋遢，智力肯定也一般，所以从没鼓励过他去报考大学课程。后来，他投身汽车修理行业。他喜欢发明小装置，并想出了一个可以轻松替换制动片衬的工具。有位图书馆员对他的发明很感兴趣，帮他申请专利。另外还有个生意人对他的工具很感兴趣，借了部分资金给他。后来巴特开始制作这个工具。他既有野心，也想证明自己。所以多年之后，他已经是位拥有几百名员工的公司老板了。

巴特讨厌不公平待遇，所以在他公司工作的普通员工都有休息时间，为此他感到很自豪。但他的员工却不觉得。尽管巴特雇佣所谓的"普通人"，但他一直监视他们，看看有哪些人不安分。而且那些表现积极，奋力拼搏的人从来得不到晋升的机会。但其实他自己一直在不断往前，不断取代别人。因为小时候经历过太多不公平的"社会比较"，缺少"情感联结"，他老想着要超过别人。他觉得周围的人都野心勃勃，冷漠无情。他很讨厌这些人，所以也不愿承认自己跟他们一样。

"投射"的更多表现

无意识假设："我受不了羞耻感和无用感。我必须去掉身上的毛病，但是它们一直缠着我。我每到一处都能瞧见它们，每个人身上都有。"

口头禅："不知道为什么，我就是很讨厌那个人。""我不会因为你说的话难过，应该难过的人是你才对。""我不打算接手（尽管你下意识想这么做），但看好那些人。""你如果好声好气，他们就会糊弄你，乘机掌控一切。"

其他可能的表现：

- 你最不能容忍的行为，可能自己也做了却看不到。
- 你觉得别人什么都好，自己一无是处（你把优点强加到他们身上，却看不到自己的优点）。
- 你经常批评别人太挑剔，忽略了你自己才是挑剔的人。
- 你觉得某个人虚伪、自私，但后来你发现这些想法都是毫无根据的。
- 邪恶的事都是别人干的，跟自己无关。

学以致用

学完这章，你可以评估一下自己常用的自我保护手段有哪些。现在你应该对这些手段有了更深的了解，请翻回到自我测评页（第44页"评估我们的自我保护手段"），看看有没有判断错误的。

现在你已经准备好去探索：你是如何在特定情况下使用这些保护手段的，以及今后该如何避免它们。但是别对自己期望过高。继续阅读这本书，你会发现没有这些保护手段，你会做得更好，还能减少自我低估对你的影响。你现在就可以开始做这件事了。每放弃一项自我保护手段，你跟别人之间的"社会比较"就会减少一点儿，

"情感联结"就会增多一点儿。看看你过去的表现，想想怎样才能换一种应对方法。

知道自己何时运用自我保护手段

在日记本里写下每一种自我保护手段，每页纸上写一种，包括弱化自我、责怪他人、不竞争、超越自我、自我膨胀和投射。现在回看第一章里提到的让你快乐和不快乐的人，想想你上周在跟他们的接触过程中使用了哪些自我保护方式，并写出三个。如果当时你感到丢脸或试图逃避，回忆整个过程会是件很困难的事。（忘记是另一种自我保护，但你有可能不记得做过那件事。）你要一直回忆到你想起来为止，如果找不到三件的话，再往前一个星期想。

一定要保证你列举的情况里确实有自我保护手段的发生，如果发生的事确实不值一提，算不上是"弱化自我"；确实被冤枉算不上是"责怪他人"；选择忽视"社会比较"算不上是"不竞争"；努力做到最好算不上是"超越自我"；不卑不亢地展现自己的能力，或者确实是别人的问题，都算不上是"投射"。

除了自我保护手段，想想还可以干些什么

这个练习很重要。它会让你看到，你是如何在特定关系中使用这些手段的；试着想象一下如果不用会有怎样不错的感受。练习找到避免使用它们的方法，面对列出的 11 个事例（除"超越自我"外，每个自我保护手段都有 2 个例子），想想下面几个问题，思考能

否有不同的做法。

- 你觉得面对你的自我保护手段，对方会做出什么样的反应？
- 如果重来一次，你可能会说什么？如果你把自己害怕失败，做错事的心理说出来会不会好受些？哪怕只说一点儿也行。
- 你如果那么说了，对方会如何想，如何回答你呢？

举个例子，你本来要跟某同事合作完成一个项目。但你自己选择单干，还被她发现了。因为别人低估你，所以你想证明自己可以独立完成这个项目。你也知道你的同事会生气，所以当她发现你这么做的时候，你感到很羞愧。被抓包这件事会让你、她或你们两个人都觉得是你性格有问题。

在她生气或者你感到没面子之前，你赶紧说"我从没想过你会介意我这么做"，你用了"弱化自我"手段，认为这件事没什么大不了。你如果强调她本不应该介意这一点，可能还带点"责怪他人"的意思。所以你需要假设她头脑中的想法，想想是否可以换个说法解决问题。你可以参考我上面列出的问题。

- 你觉得对方会怎样回应你？她不相信我说的话。
- 你可以有别的说辞吗？比如："我很抱歉，我以为你不会介意。我想告诉那些人，没有你的帮忙，我也能做好这个项目。很抱歉没有通知你。我为了表现自己，放弃了与你合作的机会。"
- 你如果这样说了，对方会怎么想，怎么回应你呢？她也许会被我的诚实所打动。她也可能很愤怒，她完全有理由生气。但由于我承认错误，并且真诚悔过，她不可能一直怀恨在心。这样至少不会再给我新添一个讨厌自己的理由，那就是撒谎包庇自己。

辨识你的"自我保护"以及"被低估的自我"

你现在最重要的目标就是减少自我保护手段的使用。这章的主要目标是让你辨别自己使用了哪些自我保护手段，看清你自我低估的程度。接下来请自我反思，并写出以下这些问题的答案。你使用自我保护手段的次数比想象中多吗？你是否经常会因为不想被人打败，不想感到丢脸，而进入"社会比较"模式？你如果还不确定，我们可以先在这里暂停一下。

第三章

过往的经历导致自我低估

有时你会意识到，自己是带着自我低估的心来审视这个世界的，但现在的你会更有感触，因为我们现在已经知道从"自我保护手段"的角度去思考问题。最低估自己的想法莫过于觉得自己一无是处。我们有时告诉自己，"我是个失败者，毫无价值，活该大家不喜欢我。"尽管我们内心知道这样说很不理性。

"被低估的自我"有时会完全控制住大脑，让我们看不到自己糟糕的处境。只有在某些极端条件下，这种情况才会发生转变，让我们意识到自我低估有多么严重和极端。你有没有过这种感受？在约人吃饭时，你老是感觉自己在对方眼里无聊透顶，并猜测他肯定不会想有第二次约会。但在第二天你就收到了他的短信，邀请你再次共进晚餐。这就是我说的"转变"。

为了尽快做出转变，我们要找出具体原因。为什么你会如此低估自己？让你感到丢脸或一无是处的原因是什么？知道这些，我们才能清楚地知道这些消极感受的诱因，从而帮助我们从中解脱出来，恢复正常状态。

造成自我低估的两大原因

我们从第一章里知道，造成自我低估的部分原因来自于我们的内在倾向性。而内在倾向性又包括对自己总体评价偏低（为了避免遭遇失败和羞辱）、内在失败反应和强烈的社会情感。这些倾向都是由失败经历引起的，而它恰好就是第二个原因。一个人失败的次数越多,这本书中关于剖析个人经历的内容对他来说就越重要。这一章的内容会教大家如何剖析失败经历。读完之后,我们会明白,为什么几乎所有让人难以承受的情感创伤都会加深自我低估的程度。

内在的自我低估倾向本来就很难治愈,如果再加上过去的伤痛,人就会长时间地低估自己,这样下去后果很严重。比如,因为过去的失败,我们不敢在团队中发表个人意见。为了保护自己,我们承认别人比自己厉害。在工作中,即使想到了不错的点子,你也不会说出来。

假如你的父亲很爱批评人,你偶尔犯个小错或是还嘴,他就会大发雷霆。小孩子很怕家长发火。每当他发火,你都难以忍受这种折磨。所以你害怕的不仅仅是不能为公司做出杰出的贡献,而是被别人(尤其是老板)否定自己的想法。因为老板长得有点像你的父亲。所以只能眼看着别人提了一个和你差不多的主意,并受到了表扬。其实他的主意还没你的好。

这两大原因,内在倾向和个人经历会不断阻挠我们前进。比如在第一次跟某个帅气男生约会的时候,你一直很羞涩,怕自己条件太差吸引不到他。另如,信任的男友最近提出分手,另觅新欢。再如,约会对象和你一样沉默寡言,你觉得他很讨厌你,后来才知道人家以为你对他没兴趣。还有,在指导老师提出修改项目报告的建议时,他评价的仅仅是报告,而非你本人。你要做的是将老师建议修改的部分改好,不用认为这是老师对你的价值的总体评估。但在小学六年级时,有位老师曾在全班面前撕掉你的作业，让你觉得自己写的东西都很烂。在重新看了一遍修改后的项目报告之后，你觉得自己不光报告写得一团糟，整个人都是如此。以至于后来你把整篇论文都重写了一遍。对此，导师表示很不满意，他其实对文章大部分内容挺满意的。他觉得你反应过度，并决定推迟你的晋升时间。

如果一个人既有自我低估的内在倾向，又受到生活上的沉重打击，那么他会长期陷入自我低估的状态。他会拒绝所有不错的机会以及可能有好结果的关系，还可能因此变得沮丧或焦虑。

"自我低估"会导致恶性循环。自我低估的人不敢接受晋升的机会，慢慢地，他的工作能力也会下降。这样的人很容易让别人发现他们的不自信，接着就会被人瞧不起。最后，自我低估的人就真的变成"低人一等"了。

为避免这些损失，在开始接受治疗前，很重要的一点就是找出创伤源头——为什么我们一看到失败的潜在风险，就会不自觉地低估自己。首先，我们需要预估你自我低估的程度。现在你已经大致了解"自我保护手段"背后隐藏的感受，对"自我保护手段"有了更充分的认识，相信你可以更好地完成接下来的这个测试。

你自我低估到了何种程度

在开始测试前，你需要阅读一些指导意见。

- 不管下列陈述看起来多么不理智或多么不愉快，如果其中有你真实的想法或曾经有过的想法，在选项后写下"S"。这代表你偶尔有过这种想法。
- 如果某些陈述反映了你的常态，在选项后写下"T"。这代表了你性格中比较固定的成分。
- 仔细考虑每条陈述，可以想想自己是否采取了"自我保护手段"，是否反映了真实的自己。如果觉得对的话，请坚持原来的判断，就算不喜欢也别换答案。
- 每个问题分开作答。不要担心后面的回答会跟之前的答案相矛盾。
- 如果不想自己的隐私被别人看到，请将答案单独写在一张纸上，不要写在书上。但要保证这些答案能被随时查看，因为我们后面还会用到。

1. 有人说喜欢你，但你并不相信。
2. 跟人面对面的时候，你总是低头或看别的地方。
3. 你总想着谁更可爱、更有钱、更聪明，谁的点子更多、谁的车更漂亮，尽管你知道别人不会这么想。
4. 你总想取悦别人，不惜一切代价让他们开心。
5. 你总是看低你自己，但你其实知道你跟别人没两样。

6. 只要有人批评你，不管是谁，那一天你算是过不好了。

7. 就算你知道自己的点子不错，也不敢说出来。

8. 你总是低着头，弓着背。

9. 在餐厅遇到问题，你不敢投诉，但换做其他有理智的人都会投诉的。

10. 你感觉自己像个骗子。

11. 当你有责任或义务领导他人时（比如担当"家长"或"老师"这样的角色），你发现被领导者并不尊重自己。

12. 当有人说"我们有麻烦了"，你瞬间想到的是自己是否做错了什么，会不会被责罚。

13. 你花了很长时间学习如何在逆境中争取自己的权利。

14. 一件事还没开始，你就觉得可能会失败。

15. 虽然没有任何可担心的理由，但你还是害怕会丢掉工作。

16. 大家都认为你不自信。

17. 当你跟别人见面时，你会觉得对方看不上你。

18. 即使在最好的朋友或是伴侣身边时，你也
    会嫉妒，没有安全感，尽管你知道他们都
    以你为重。
19. 你很容易为刚说过的话感到丢脸，为你的
    长相、家庭、过往、约会对象感到丢脸。
20. 你跟另一半发生性关系的原因是：害怕你
    的拒绝会让他讨厌你。
21. 当你想制止某人做某件事时，你开不了口。
22. 你很难张口说自己需要某样东西。

统计分数

把"S"的个数加起来，得到的数值是一个人偶尔出现的状态。同样，把"T"的个数加起来，得到的数值会显示个人特征，即个性中的固定组成部分。这里不提供标准分数，但你如果有 10 个以上的 S 以及 2 个以上的 T，这表明你自我低估的程度很高。

创伤带来的"地位低下"和"自我低估"

当我们说某个人身体受过伤，其实是在暗示他的身体在某种程度上失去了完整性，比如皮肤上有很深的伤口、骨头断裂或器官受损等。创伤给心灵带来的伤痛也一样，有时这种伤痛还会伴随着身

体上的伤痛。心灵上的创伤会使人无法控制自己的情绪。在面对很大压力，又无力抵抗的情况下，人的内心会失去完整性并变得支离破碎。大脑在那时经历的变化一般是不可逆的，这跟身体受伤是一个道理。创伤可以是急性的，比如由突发事件引起；也可以是长期的，它会慢慢摧垮你。

　　大多数人经历的创伤都是由他人造成的。比如我们会被别人抛弃、打败、伤害或拒绝。或是我们在受伤时，没有得到别人足够的关爱。结果是，大多数创伤会自动转化成内在失败反应，使我们感到沮丧、羞愧、整体感觉差。

　　如此悲伤的经历使得我们不愿意回忆起整件事。于是大脑就会把这部分记忆分割出去，表示之前的经历跟我们无关。我们也许会抹去整件事情发生的经过，完全不记得它；或者把痛苦的记忆分离出来，这样我们仍会记得发生的事，但对它没有任何痛苦的情感。同时，我们还会感到烦闷苦恼，包括长期的焦虑和抑郁。但由于不了解过往创伤对自己行为的影响，我们会觉得自己变得很古怪。

　　由于受到创伤，大脑某些记忆会被分离出去，此时其他部分就会悄悄填补空缺。这样我们才能从创伤中走出来，避免再次触碰到它。这些"其他部分"就是我们之前了解过的"先天反应"，比如低估自己的整体价值、沮丧、羞愧等。我们过去的经历影响着现在。"自我保护手段"将我们牢牢锁住，让我们变得抑郁。我们开始有意识或无意识地低估自己。而所有这一切都是为了避免再次受伤。

　　我们必须牢记一点：受到创伤之后自降等级的行为通常是无意

识的。老想着自己地位下降这回事实在让人无法忍受，所以每次和人见面时，我们都下意识地认为冲突会导致自己失败，从而降低自己的价值和地位。想要避免这种痛苦，我们必须了解过去的伤痛。尽管大脑对创伤记忆的分离会妨碍我们体会过往经历的宝贵之处，但认清创伤的数量以及类型对防止"被低估的自我"是很重要的。

童年时期的"社会比较"以及创伤

跟成年人相比，小孩更容易受到伤害，除非他在小时候被保护得很好。为什么呢？因为小孩个子要比大人矮，一般很难自己逃离某个地方。这些情况对成年人来说可能是小菜一碟。当你被一群个子、地位都比你高的人包围时，你经常会感到挫败，或者有害怕失败的感受，想要避免这种情况的发生。对于年幼的小孩来说，很多情况都是第一次碰到，所以他们很有可能非常害怕。

另外，小孩受到创伤时，他的大脑反应是跟它脱离关系，因为小孩的自我意识还不成熟。小孩在遇到创伤性事件时的年龄越小，他们就越不知道该如何使用自我保护手段应对这种情况，而成年人则会很熟练地运用这些方法防止自己受伤。比如，如果有人对你态度很差，你可以告诉自己不应该受到如此对待。但如果是一个小孩碰到这种情况，他可能会感到很挫败、很无助，觉得是自己做错了并想要忘记这件事。

在大多数的家庭里，小孩是最受重视的。整家人都会围着刚出生的小婴儿转。妈妈把孩子当宝贝，但小孩却不这么觉得。再心疼孩子的父母也一定会让小孩打疫苗，会按住他不让他乱动，这会造成多大的创伤性记忆呢？有一位母亲在儿子第一次打针时，眼看着打针的儿科医生很生气地按住她儿子，而不去帮他。其实是这名医生很讨厌小孩。直到这个小孩成年之后，他还是不敢去医院。

如果儿童有被虐待的经历，他们受到的创伤会更大。小孩会觉得几乎所有的创伤都是大人的错，因为大人的失职，所以他们才变得孤立无援。比如，在一个小孩5岁的时候，家里的房子被大火烧了。除非父母反应迅速，及时照顾到他害怕的情绪，包括因为失去所属物品带来的迷惘，否则他会无法承受，并产生被抛弃的感受。这在大人看来不算什么，但对小孩来说却是一种施虐行为。大人并不是有意忽视小孩，但在小孩意识里，大人只分两种：一种站在身边保护他们，而另一种则是在"事故现场"缺席。

当孩子离开他的照顾者时，"先天反应"就会被激发。首先他们会反抗（大声哭泣），然后陷入绝望（缩成一团或抽泣），最后他们会从中抽离出来，表现得跟平常一样。除了感到沮丧以外[1]，他们还受到了打击。失败反应帮助他们快速恢复，但也在他们心中留下了沮丧和羞愧的种子。

失败会使一个人感到暂时的丢脸。除此之外，如果小孩觉得没人关心他，或家长对离开孩子没有任何悔意，或小孩老是受到惩罚的话，他就会觉得自己不配有人爱。他们不会责怪大人，反而会有很明显的自责倾向。他们会不停地改变自己，直到能更好地照顾自己为止。

与大人不同，小孩在面对分离时是非常脆弱的。比如父母会说：时间到了，我们该走了。待多长时间往往是由他们规定的。我们每个人生来就害怕被人孤立。这种感觉就像被关在监狱里，十分可怕。那我们的反抗能力呢？几乎为零，因为地位太低了。

家长会无意地戏弄、羞辱、嘲笑小孩，如果在他们幼时也有过这种经历的话，更是如此。他们会要求自己的孩子在比赛中赢得名次。这样通常会弄得小孩很焦虑，他们害怕一旦失败，父母就会抛弃自己。当然家长中也有忽略孩子感受，甚至打他们的情况。

所以在回看自己小时候的创伤经历时，请记住创伤是藏在心里的，从外面是看不出来的。现在你可能觉得2岁时妈妈住院几个星期不是什么大事，但那时候的你可能不这样想。这取决于你当时有多少安全感。同样地，对一个被照顾得很好的小孩来说，房子被烧并不会对他造成心理创伤；但对别的小孩来说，可能气球爆炸都是一个可怕的噩梦。

年龄越小，伤心难过的事越能对一个人造成心理伤害。4岁以前的小孩是很脆弱的，他没有学会大人的应对策略，也没有很强的自我意识。在4~12岁的时候，小孩仍会深受过往经历的影响，因为大人不会一直在小孩身边保护他，也不能保证他永远不受自家兄弟或同龄人的欺负，这时的他可能会更感觉"孤立无援"。

不管一个人多大，父母和他人的支持永远是最重要的。如果在母亲生病住院的时候，亲爱的外祖母过来陪伴你，你会过得安心一些。起码比父亲整天待在医院，你一个人在家担惊受怕的日子要好得多。

另外，如果伤痛反复发生或旧伤未好又添新伤的话，你会受到疾病带来的双重打击。因为经历过一次创伤的你会更脆弱，不能承受第二次的打击。如果母亲住院，而父亲又必须照顾母亲的话，那么你就只能自己照顾自己。这会对你造成很大的创伤。

最后，经历过多少创伤并不重要，重要的是有些创伤是刻骨铭心的。比如一个人的母亲住院后，不幸去世了。再强调一下，某些彻底改变你人生的创伤可能对他人而言并没有这么大的影响。当然，你不想夸张创伤带来的影响，但大多数时候它的影响是被人低估的，人们认为创伤不能把他们怎么样。

尽管小时候的心理创伤很有可能是别人造成的，但接下来这个练习并不是为了责怪那些人，也不是要推卸责任。受到伤害并不是你的错，但你有责任治好"被低估的自我"。要做到这一点，需要你回忆起过去的伤痛。我要再次强调，不要对自己的经历感到不好意思，我们所做的一切都是为了改变现在的你。

下面会分别列出儿童时期和成年时期可能会出现的创伤。首先看看哪几条说的是你自己，如果有没涵盖到的创伤条目，请自行添上。回想受到创伤时的你处于什么年龄阶段，身边有没有人支持你，你承受了多大压力。虽然有些条目被列了进来，但它们不一定都对你构成过伤害。往往不起眼的小事可能伤害你最深，思考这些事对你都有什么样的影响。

童年时期常见的创伤

- 经常被欺负的你感到既害怕又无助,必须重新安排自己的生活。
- 在教室里或操场上被别人羞辱过。
- 有人排挤你,但你还是很想跟他们成为好朋友。
- 被留了一级。
- 好多天都没人理你。
- 别人都不愿意跟你的朋友为伍。
- 成为兄弟姐妹的傀儡。
- 父母太过严厉。
- 被家长狠狠地批评。
- 父母曾经威胁说不要你,"你如果再哭,我就把你送到孤儿院去"。
- 你长得很胖或很瘦,或是脸上长了很多痘痘,或有些其他什么缺点。这些都让你觉得自己缺乏魅力。
- 有些事你不能透露给别人,为此你感到很抱歉。
- 青少年时期,你很难找到约会对象。

不常出现,但更严重的儿童创伤

- 失去父母亲或兄弟姐妹,或他们的身体受到了永久性的损伤。
- 家人或你自己患上了危及生命或很严重的慢性病。
- 家人患有心理疾病、酗酒,甚至吸毒。
- 小时候有段时间过得特别贫困,甚至一直生活在穷困潦倒之中,倍感压抑。
- 经常搬家或因为被人驱赶、火灾、自然灾害等原因失去家园。

- 家人或你自己成为暴力行为的受害者。
- 感觉到被人歧视,不管这种歧视是否明显。
- 任何一位家庭成员对你有以下行为:忽视、身体虐待、频繁的口头辱骂或性虐待。
- 父母离婚或没人照顾你。
- 发现父母不爱你。
- 父母因为自己的性格"太活跃"或"太害羞"而讨厌自己。
- 一直要照顾父母的感受。
- 老是被家里人说自己长得丑或太调皮捣蛋。
- 青少年时期,你有某些特殊麻烦。比如吸毒、滥用毒品或酒精、有自杀倾向。

记录下童年时期的创伤经历

看看这两张清单,回想一下过去遭到的伤害。记住不管是被欺负了,还是房子被火烧了,创伤的影响要视具体情况而定。

奥德丽在5岁的时候,家里的圣诞树着火把房子烧没了。当时她不在家,父母很小心地照顾她失去家后失落和恐惧的心情,并且帮助她接受事实。奥德丽的祖父母就住在街对面,后来她们一家三口搬过去跟祖父母一起住,一直住到房子重新建好为止。在奥德丽的记忆里,这段经历就像是一次冒险,而且她特别喜欢废墟上重建的新房子,就像记忆中的老房子一样,但比它还要好。

同样是家里的房子被烧了,但梅尔的生活却是另一番景象。这是一个很典型的例子——由童年创伤引发新的伤害，从而造成了当事人的沮丧和羞愧。

1954年，在亚拉巴马州，梅尔的爸爸因为想投反对票，家中的房子被三K党烧毁，迫使她爸爸必须找地方躲起来，母亲也被迫辞去了工作。那时梅尔才11岁，她不得不退学打工赚钱，来养活自己的弟弟妹妹。别人因此都不愿意与她和她家人来往，都躲着他们。她穿的衣服越来越破，成绩越来越差，朋友也渐渐与她疏远了。虽然她后来上了大学并且顺利毕业，也知道自己应该为父亲的勇敢而骄傲，而不应该感到丢脸，但她还是会经常贬低自己。

请以梅尔的表格为例，把自己的情况填到附录二中去。第一栏填创伤事件名称，如果发生在4岁之前，请在第二栏里打勾；如果发生在12岁之前，请在第三栏里打勾（你如果当时才2岁，两栏都要打勾，因为它是发生在你4岁之前，自然也在12岁之前。打两个勾表明年龄越小的小孩，受到的创伤程度越大）。

如果在遭受创伤时，你很无助，也没有人帮你走出伤痛，请在第四栏里打勾。若这种事发生2次或2次以上，请在第五栏里打勾。如果同时发生不止一件创伤性事件，请在第六栏里打勾。第七栏是关于创伤的负面影响。你如果觉得这件事对你影响很大，甚至是造成你无用感的决定性事件，你可以在这一栏里打一个或两个勾。你如果发现自己的创伤虽然只属于"童年时期常见的创伤"列表，但它给你带来了很大的影响，也请在第七栏里打勾。你如果因此连着好几天都感到沮丧或羞愧的话，请在第八栏里打勾。

梅尔的表格

1	2	3	4	5	6	7	8
童年创伤	4岁之前	12岁之前	没人伸出援手	发生2次或以上	同时发生不止一件	改变生活或有深远影响	感到沮丧或羞愧
房子着火		✓	✓			✓	✓
父亲躲避追杀		✓	✓			✓	✓
母亲没了工作		✓	✓		✓		
被迫退学		✓	✓	✓		✓✓	
别人不待见她		✓	✓	✓	✓	✓✓	✓

成年时期的"社会比较"以及创伤

当然创伤不只发生在童年时期，成人也会有很多心理创伤，而且大多都跟"社会比较"有关。比如有些公司过分注重竞争，这种环境就很容易滋长"捉弄他人"或者"仗势欺人"的现象。或许你已经习惯这样的工作氛围，但一般长期饱受欺凌的人都会有心理创伤。若你感受不到它的影响，很有可能是因为你已经把自己与这些情感分离开来。当一个动物被关在笼子里，被迫跟对手决斗时，输的那只会变得很焦虑，很沮丧。² 你如果既不能逃离也无法战胜权力滥用，你的心里就会留下创伤。

童年和成年时期的创伤性因素是一样的，包括发生时的年龄、发生或反复的次数、有无人支持。对成人而言，心理年龄比实际年龄更重要。如果一个人在童年时期没有受到过残忍虐待式的打击，那么他的第一次创伤经历就会发生在成人阶段，可能发生在工作中或者与人交往的过程中。除非你之前对这个世界的认知就是残酷，否则创伤对你的影响会更大。

多件创伤事件同时发生，或者某种创伤重复发生，会大大加深其对人的伤害。跟小孩相比，成人的世界更加复杂，创伤很可能带来一系列的涟漪效应。比如，配偶死亡或者离异都会使一方感到很沮丧。别人却不明白你为什么"过不了这个坎儿"——你的工作表现不如从前，专业水平也下滑，甚至可能会失业，财务状况也出了问题，你充满羞愧地认为自己的生活没救了。

大家对你支持与否决定了你遭受创伤的程度。如果有人支持你，那么你会知道在遭受磨难时，别人有多关心你。但当你最需要支持（尤其当你长时间陷入危机无法逃脱）时，身边却没有一个人肯帮你，这时被抛弃带来的伤害可能比创伤本身还要大。因为被抛弃的人会感到更深的沮丧和羞愧，对未来充满了担心。

成年时期常见的创伤

- 被亲密朋友或爱人背叛。
- 找对象或工作时，频繁被人拒绝。
- 离婚。
- 患有严重或慢性疾病。
- 失业。
- 丧失房屋赎回权或被迫离家，或搬去长期护理中心。

- 破产或欠债好多年。
- 工作或情感上遭受重大失败，名声扫地。
- 被诊断患上重病。
- 成年后你还被父母或兄弟姐妹嘲笑，遭到他们的排斥。
- 你或你爱的人吸毒上瘾。
- 受到言语、身体或性方面的骚扰。
- 身边亲人重病或死亡。

不常出现，但更严重的成年创伤

- 成为政治犯或恐怖袭击的受害者。
- 生于战争年代。
- 你或跟你很亲近的人是重要案件的受害者。
- 目击死亡或自己濒临死亡。
- 被抓捕或坐牢。
- 成为重要诉讼案件的被告人。
- 有人恶意诽谤你，让你名声扫地。
- 容貌被毁或身体有残疾。
- 你或他人经历事故、火灾或其他灾难性事件。
- 由于别人的失误而遭受严重损伤。

记录下成年时期的创伤经历

成年后的创伤事件也会引发自我低估。对成年人来说，他们更容易在遭受一次打击的情况下，接连遭受第二次打击。比如有些夫妻在失去自己的小孩后，婚姻也面临破裂。多方面遭受打击才是创伤形成的原因。

萨姆跟一个软件公司签定合同做外包项目。他爱工作，也知道自己干得很好，想要成为这家公司的正式员工。他今年24岁，收入情况比之前要好很多。年纪轻轻的萨姆得到姨母留下的一份遗产，并用这笔钱买了套公寓。他遇到了一个很漂亮的女孩，想要和她朝着结婚的方向发展。

萨姆喜欢问问题，他觉得只有这样，工作才会越做越好，而且主管也鼓励他这么做。有一次萨姆在交接任务时正好碰上主管生病请假，于是萨姆给主管的老板泰德打电话。泰德对他的态度很友好，也帮他解答了问题。但后来萨姆得知泰德认为问那些问题是无能、不能独立完成工作的表现。

最终萨姆没能得到梦寐以求的职位，它被泰德的朋友抢走了，而且萨姆随后也被解雇了。萨姆知道泰德只是为了让他朋友获得这个职位而已，那些指责自己的理由都不成立。这很不公平，萨姆感到很震惊。萨姆把自我低估的情感放在一旁，提醒自己这并不是他的错。但是后来他才知道，主管不仅没有向着自己，还同意泰德的说法，嫌他不够资格。

萨姆顿时觉得很糟糕，他反复检查所有细节，想找出自己的错误，但也无济于事。现在他成了无业游民，交房贷的日子马上到了，漂亮的女朋友也突然对他没了兴趣。他还因为心神不宁闯了红灯，造成了一起严重的交通事故。

身体恢复过来之后，他开始找其他工作，但被拒绝了好多次。最后他实在走投无路，打电话给父母，希望他们能帮自己还房贷。父亲没能体会萨姆内心的无助，反而说："我跟你说过，合同工就是这样，项目一结束就得走人。之后别的公司也会好奇为什么没人肯雇你，更加不会招你。"

萨姆最后还是找到了工作，但房子没买成，结婚对象也离开了。这一系列的打击让他觉得自己是个很失败的人，这种失败感一直困扰他很多年。即使周围的人不知道他的这段失败经历，他心中也一直有种羞愧感。直到见了心理医生之后，这种羞愧感才逐渐消失。因为这段失败经历的困扰，在这些年里，他拒绝了很多次恋爱和升职的机会。

你需要记录下成人时期的受伤经历，像记录小时候的经历一样。还有，这次练习不是为了让你去责怪他人，也不是推卸责任。每个人都必须要为自我低估的现状负责，要通过这个练习找到治愈自己的方法。

看看上面这两张成年时期的创伤清单，它们能帮你想起一些受伤的经历。你如果所遭受的创伤事件在里面没有提及，请把它添上。查看附录二中的成年创伤表格，第一栏填创伤事件名称，如果创伤发生时你才刚刚成年或相对不成熟，请在第二栏里打勾。如若这种事发生两次及以上，请在第三栏里打勾。如果同时有不止一件的创伤性事件出现，请在第四栏里打勾。

如果当时你感到很无助，或感到没人可以倾诉，或觉得没人愿意帮你，请在第五栏里打勾。如果你的创伤并不常见，但它很大程度上造成了你自我低估或产生涟漪效应，并引起其他创伤，请在第六栏里打勾。你如果因此感到特别沮丧或羞愧，请在第七栏里打勾。

最后，你如果填写的创伤性事件属于"不常出现，但更严重的成年创伤"列表，或是列表中不存在的情况，请在第六栏里多打一个勾，好引起重视。要知道哪些打击更沉重，这张清单会给你提供思路。下面的表格就是萨姆的例子，"被家人嘲笑"以及"失业"这两项都出现在"常见创伤"清单里，给他造成了一连串的打击，比如后来的车祸。而车祸却属于"不常出现，但更严重的成年创伤"清单。

萨姆的表格

1	2	3	4	5	6	7
成年创伤	发生时仍很稚嫩	发生2次以上	同时发生不止一件	没人伸出援手	改变生活或有涟漪效应	感到沮丧或羞愧
被家里人嘲笑		✓	✓	✓		✓
工作丢了	✓			✓	✓✓	✓
女朋友离开	✓		✓	✓	✓	✓
公寓没了	✓		✓	✓	✓	✓
造成一起严重的交通事故	✓✓		✓✓	✓✓	✓✓	✓✓

为什么创伤性事件会导致自我低估

　　学过第一章的内容之后,我们已经知道,一个遭受过失败和打击的人,他的整体价值感会降低的原因。只要一个人有过受虐待的经历,他多多少少都会有这种整体价值感降低的感受。也许我们觉得造成创伤的罪魁祸首都是别人。如果有人被抢劫,或被强奸,或被醉酒司机撞伤——有问题的是加害者,不是受害者。但实际上,战败的俘虏能告诉你,权力被剥夺的感受和沮丧羞愧的情感一样会引发失败反应,尽管你根本无法反抗。失败反应可能让一个俘虏放弃抗争,或许能保住一条小命。但这种无力感也会让人觉得他本来可以把事情处理得更好。这种感受会让人吸取经验教训,知道做什么事都要当心。但它也会让你觉得自己很不堪——自我低估。

　　一场洪灾、一次事故,或是一场病都会让人有无力感、失败感,继而产生先天失败反应(沮丧、羞愧),造成整体自我价值的低估。"责怪自己"会让人觉得能控制将来事态的发展,像买更多保险,生活方式变得更健康等。[3]但这是有代价的,你必须面对一个事实:是"你"让这一切发生的。你如果没有办法阻止它的发生,你会觉得是自己运气不好,或是遭到报应,因而产生羞愧之情。你能感到别人对你充满了同情,或者他们认为你就是个"倒霉鬼"。

　　每个人受到打击继而低估自己的原因都跟他的个人经历有关。如果你的表格里打满了勾,那说明过去的创伤已经使你产生自我低估的心理。另外还有三个因素——童年被人歧视、天生敏感、缺乏安全感,让你更容易陷入自我低估的模式中。

歧视带来的特殊问题

关于种族、道德、民族或是其他方面的歧视都会对自我价值判断产生重大影响,如果这些歧视发生在童年时期,则影响会更大。在这种情况下长大的小孩可能会认为自己的父母也受到了歧视。我们生来就怕被群体抛弃,因此被他人排挤会让我们感到很丢脸,而且歧视通常隐藏着一种虐待情绪。歧视除了本身就很令人恼火之外,它还会让人感受到其他负面情绪,包括悲伤、焦虑、抑郁。被歧视的少数群体不太容易产生积极的群体认同感,整体的自我价值判断也会因此受到影响。[4] 长期遭到歧视甚至会影响人的寿命。[5]

歧视大大增强了创伤对生活造成的影响。回想一下梅尔的案例:小时候她家里的房子被三K党烧掉,失去家园和父亲,更没有经济来源的梅尔受到了深深的打击。而同社区朋友们对她非洲裔美国人身份的歧视,更加重了这一事件对她的影响。

后来,就算种族、自身能力不再成为引发创伤的源头,她还是会感到无力、沮丧和羞愧。比如她在睡觉时,一棵树干从客房房顶掉下来,砸断了她的胳膊。她去急诊室之后,一直不停地为受伤这件事感到羞愧,仿佛受伤是因为自己运气不好。她一点儿也不觉得自己应该被好好照顾。甚至她母亲去世的时候,她同样也感到了无力、沮丧和羞愧。她老是觉得自己没能照顾好母亲,所以她没有权利,也没有资格去伤心。

回看童年时期和成年时期受创伤的表格,你如果小时候或现在经常受到歧视,在所有的格子里都加上一个勾。这会给你一个直观的展示,让你知道歧视对你之前的创伤有多大的影响。

天生敏感的影响

另一个加重创伤影响的因素就是太过敏感。在关注"爱"跟"权力"这两个话题之前,我曾经对"高敏感人群"做过研究,也写过相关书籍,比如《天生敏感》。在过去,"高度敏感"被误认为是腼腆、内向、神经过敏,其实并不是这样。高敏感人群占所有人口的 20%,属于少数群体。[6] 不仅很多男性和女性拥有这一特征——有的从婴儿时期就可以看出来,大多数物种都拥有这一特征。[7]

你如果能注意到环境当中的细微之处,那么你很有可能是个高度敏感的人——有着丰富的内心世界,需要更多的自我空间,对咖啡因和疼痛非常敏感,容易受到惊吓,容易被噪音或是混乱的环境惊扰。另外,截止日期或生活中的任何变化都会轻易压垮你。一般来说,高敏感人群往往更具有创造力、更加认真负责、合作力更佳、做事更知道轻重。比如敏感人群很可能是第一批感知到气候变化的人。他们不喜欢冒险,因为他们总能发现危险。他们会买足保险,照顾好自己和心爱的人的健康。

尽管这是一个很大的优点,但大多数高度敏感的人,经常对自己有很多不满。首先,每个受到过度刺激的人都会有不佳的表现和不良的感受,而高度敏感的人更容易受到过度刺激,因为他们能很敏锐地感知到周围所发生的一切。当他们参加考试，或是被别人注意时，他们的表现力会不如别人，也达不到预期标准。除非他们能意识到自己是"高敏感人群"，否则他们会错误地将这些糟糕的表现归结为自己能力不行，从而导致自我低估。

另外，高度敏感人群还会被别人的评价所影响，他们更能察觉到自己的错误，然后从中汲取经验。这就使得他们比别人更关注自己所犯的错误，但有时太在意别人的批评会使得他们的自我价值感降低。

身为少数群体，高度敏感的人可能会被他人歧视。他们经常听到一句话："你为什么对每件事都这么敏感呢？"除非他们从小接受的教育是——敏感是上帝赐给你的礼物，否则他们会认同文化中对敏感的评价，而这些评价通常都是负面的。

最后，太过敏感的人会放大所有跟情感沾边的事情，使得自己的童年创伤经历更为吓人。一点点小事就会使他们感到很害怕，还可能给他们带来羞愧感。大家会说："你为什么不能让那件事过去呢？"但对太过敏感的人来说，这并不是那么简单的事。

回看你童年时期和成年时期受创伤的表格。你如果天生高度敏感，在所有的格子里多打一个勾。这和受歧视一样，打勾会给你一个直观的展示，可以知道高度敏感对你经历过的创伤有多大的影响。

童年缺乏安全感的影响

每个人与这个世界的第一层联系，就是与父母的情感依恋关系。

关于情感依恋的研究表明，我们与他人相处时能否有安全感取决于父母。[8] 如果父母没能给孩子提供安全感，那么孩子长大后也很可能缺乏安全感。将近40%的成年人都表明他们在亲密关系中缺乏安全感。

不安全的"情感联结"也可能会带来自我低估。安全感会使人用"情感联结"的方式来看待世界。我们都希望别人能喜欢自己，有人能帮助自己，这样世界对我们来说才是让人有安全感的。另一方面，缺乏安全感会让我们以"社会比较"的眼光看待世界。缺乏安全感的人不敢奢望别人的爱，这样的人觉得自己很卑微，没人愿意跟他成为朋友，也没人会在困难时帮他一把。

缺乏安全感意味着一个小孩从记事起就没有得到应有的关爱，反而总是觉得自己被家长控制。因为跟小孩比起来，大人更有权力。如果孩子感到大人在行使家长权力时的动机是爱，那么一切都会变得不同。但如果权力背后没有爱，孩子不能放心地依恋家长的话，他们就只能感到家长的权威。孩子会觉得自己没地位、没权力、经常失败。缺乏安全感容易造成孩子长期抑郁。如果小孩提出的要求没能得到满足，他们会有挫败感，并产生沮丧的失败反应。而且这种失败反应是不能被完全消除的。

尽管你不记得第一次跟别人有"情感联结"时是什么情况，但反观你现在的行为就可以知道一二。想想你最初依恋的对象，尤其是那些没能给你安全感的人。我要再次提醒，这样做并不是为了责怪他们，而是为了挖掘自身具有自我低估倾向的原因，只有这样才能更好地改正它。自我低估的产生也许仅仅是因为父母太忙或者压力太大，或者你在小时候没有被好好照顾。[9]

缺乏安全感有两种情况，一种是焦虑型，另一种是回避型。你可能知道自己缺乏安全感，但你往往很难说出这样的不安全感是哪一种类型。如果被别人比下去，你会感到焦虑；但如果比别人厉害，你会产生回避心理。你应该弄清楚在大多数情况下，自己的不安全感是哪一种。

安全感

有安全感的人，成年之后很容易跟别人亲近，愿意依靠别人，也愿意别人依靠他。这种人不会担心被心爱的人抛弃或控制。他们在使用"自我保护手段"时，往往不会使用责怪他人、自我膨胀、投射等方法，因为这会使别人很痛苦。

焦虑型不安全感

拥有焦虑型依恋人格的人往往会把身边的人理想化，害怕他们对自己失去兴趣。这可能与一个人小时候的成长经历有关。也许你父母的情绪很容易波动，对你的付出有所保留。一个小孩子能想到的最好办法就是贬低自己，尝试让他的父母开心。这样的小孩长大之后往往会觉得自己比较弱势，无法掌握一段关系里的主动权。

与喜欢的人告别对你来说非常痛苦，即使你知道你们不久又会再见面——最好立马就能再见面。不管是否有意识，你觉得自己阻止不了分离，也没办法阻止别人抛弃自己。缺乏安全感的人会比平常人使用更多的自我保护手段。他们多数都采用"不竞争"手段，因为这类人觉得跟别人比较会有失败的风险，但他们通常意识不到自己的这种想法有多强烈。

回避型不安全感

拥有回避型依恋人格的人不太容易承认自己缺乏安全感。因为这个策略最根本的立足点就是忽略对"情感联结"的需要。你也许会说，情感关系对你来说没那么重要。如果某个人变得对你越来越重要，你也许会控制这段关系的持续时间。例如有一个朋友打电话约你，你不会立刻给他回电话。你也不知道为什么喜欢这么做。你不想跟别人一样，对所有事情都很关心。但你知道自己是在意对方的，如果这个朋友过一会儿不再打电话，你就会给他回过去。一旦对方接了电话，你会退一步，安排一个时间跟他见面。所有这些可能都是无意识的，当然这种方法会让你拥有更多的主动权。

有回避型依恋人格的人，除了会避免跟他人联系，并表现出不需要别人之外，还会在其他方面显示自己比别人厉害。这些人的父母很可能沉迷于"社会比较"无法自拔。对于孩子，他们展现的只有权威没有关爱，孩子的身心可能因此受到了忽视和虐待。为了避免这种感受，拥有回避型依恋人格的人会经常使用"超越自我"和"自我膨胀"这两种自我保护手段，但他们下意识里还是会记得受到的忽视和虐待。你会觉得地位变高就可以不用依靠别人。对你来说，别人都是不能依靠的——他们可能会利用你的弱点来控制你。

不论哪种不安全感困扰着你，你以后还是有可能获得安全感的。但是在童年之后，这种转变发生的几率越来越小，也越来越慢。这本书的目的就是帮助你获得安全感。

你如果缺乏安全的情感依恋，回看你童年时期和成年时期受创伤的表格，在所有的格子里都多打一个勾。这会给你一个直观的展示——深入了解缺乏安全感的情感依恋对你以往的创伤有多大的影响。

基特的焦虑型依恋人格和自我低估

基特今年29岁，是一位精神病人。如今她抑郁症复发在接受药物治疗，但她的医生觉得心理治疗可能更能帮到她。所以今天她被送来我的诊室。困扰她最大的问题就是她想说服男朋友丹尼斯娶她。她从20岁开始就跟丹尼斯在一起生活了，但是丹尼斯从来没有明确说过要不要结婚。

她从幼儿园开始就见一个爱一个，喜欢老师、夏令营顾问，甚至是医生。如果这些人对她特别好，她就会动心。之后她就会陷入到无止境的焦虑当中，同时也很激动，幻想着能被喜欢的人注意到，回馈她的爱。

但是跟丹尼斯在一起的生活，并不总是幸福美满。丹尼斯一开始对她很好，但现在却令她感到失望。丹尼斯喜欢喝酒，经常跟朋友在外面玩，或者去参加她不感兴趣的体育比赛。但基特从没想过要离开他。

基特告诉我说，她的童年过得很开心，跟妈妈关系很好。但她不肯承认，她母亲刚怀上她的时候正在跟父亲闹离婚。后来父母又勉强维持了两年的婚姻，但是两个人过得都很不开心。母亲想要完成护士培训，等有能力抚养基特之后再离婚。在这期间基特大部分时间都跟外祖母待在一起。这样一直相安无事，但在基特9岁的时候，外祖母却被诊断出癌症。

这时基特转由四个姑妈轮流照看。在母亲上班的时候，基特就会待在姑妈家，但姑妈也有自己的家庭跟事业要忙。如果基特不是一个安静的乖乖女的话，真的会是个大麻烦。但基特有个问题就是——做噩梦。

她回忆说，她那时候特别渴望跟妈妈一起住在公寓里，而不是住在亲戚家。可是妈妈没时间陪她，这让她很痛苦。但基特不知道，那时妈妈是在跟别人约会，准备再婚的事情。后来在基特5岁时，她妈妈再婚了。7岁时，她有了两个双胞胎弟弟。

对别的小孩来说，家里有对双胞胎出生，可能是件很高兴的事，或者顶多有点压力，但对基特来说却是一个创伤性事件。她做噩梦的次数更频繁了。她说那个时候不知道为什么，大脑突然就会一片空白，或者很焦虑。但是她从来不承认自己的痛苦，因为她想要成为母亲的小帮手。尽管她看到双胞胎弟弟抢走了她想得到的母爱。这时基特才开始知道，原来她以为充满爱与欢乐的童年，并不是她所想象的模样。她母亲和其他照顾她的人，大多都在忙别的事，没有时间陪她。

早年的这些经历让基特非常缺乏安全感,她对亲密关系感到很焦虑。小时候母爱的缺失让基特非常渴望被爱,所以她将这种对母爱的渴望寄托于能够给予自己安慰的幻想中。但她所幻想的亲密关系是不现实的,所以丹尼斯经常让她感到失望。

与此同时,基特害怕没有人陪伴自己,无法抒发内心的不满。对她来说,这段关系已经不再是"情感联结",而变成了"社会比较"。在这段关系中,她的地位很低,而且被自我低估所控制,整个人仿佛被困在了小时候的记忆中,不停地责备自己。就像幼时那样,现在的她依然害怕孤独。

由于基特的自我低估,丹尼斯也开始轻视她,不给她任何争取权力的机会。在治疗过程中,她允许我询问她小时候的内心需求,同时我也为这个小女孩感到心痛。因为她不应该承受这些折磨,了解到这一点之后,她有了客观认识丹尼斯的勇气。结果丹尼斯也看到了一个更加自信,不再纠结于结婚问题的基特。这时,丹尼斯表示愿意跟基特安定下来。现如今,基特的抑郁情绪得到了很好的控制,而且她还和丹尼斯生了两个孩子,就像她所说的,"我们过得很好"。

你的创伤和情感图式

这些创伤到底是如何累积起来的?还有潜在的自我低估、创伤经历、敏感个性、偏见带来的影响、不安全感等在日常生活中都是如何体现的？其实，你已经发展出一种情感图式来应对过去的创伤，[10] 包括一堆的想法、感受、记忆、知觉、社会情感、自我保护，以及内在反应倾向。这些都是围绕创伤事件而产生的。当任何一样与创伤相关的东西出现时，不管是一段记忆、一个场景，还是一段对话，整个"情感图式"就会被激发。

为了应对紧急情况，情感图式把与创伤有关的所有资料都整理好。比如，你现在知道，人生的大部分时间都是用来避免沮丧和羞愧这些感受的，因为它们会带来自我低估。对于身心再次受伤这件事，每个人的警惕性都很高，而情感图式就是帮助大家远离伤痛。所有跟第一次受到创伤类似的经历都会被情感图式标记为危险状况。它本身就是一种很强的防御工具。

还有，由于储藏在情感图式中的记忆与感受都太过痛苦，它们经常被隐藏起来。但其实，它们会在看不见的地方继续滋长，像黑洞一样吞噬你的生活，而你根本无法意识到。任何跟原来遭受的创伤有一点点相像的经历，都会被加入到这个模式中。一旦碰到类似情况，你就会使用自我保护手段。你如果当时有受伤的危险，这些反应是合理的，但通常都不是什么危险情况。由于大多数创伤经历都会使人感到无力、挫败、被虐待，所以情感图式为了保护我们，会开启我们身体里的"社会比较"状态，唤醒被低估的自我，还会教唆我们使用自我保护手段。

不同的创伤决定了形态各异的情感图式。比如受到背叛会让人产生嫉妒心理；受到虐待会让人失去对他人的信任；无法阻止离别会让人非常害怕失去；以此类推……什么样的情感图式决定了什么样的触发点以及在触发时该采用什么样的自我保护手段。比如你跟另外两位女性在一起时，会担心她们背叛你。因为在你还是小女孩的时候，曾有两名特别要好的朋友联合起来攻击你，而你采取的自我保护手段是弱化自我、不竞争和投射。再比如，你在面对分离时感到特别无助，因为小时候没人陪伴在你身边，你采用了"超越自我"和"自我膨胀"的自我保护方式。另外，缺乏安全感的情感依恋、遭受歧视的经历，以及高度敏感的天性，这三样本身就能引发情感图式。

　　情感图式根深蒂固，很难完全消除。我们只能希望它出现的次数不要那么频繁，或者停留的时间短一些。实际上，情感图式是人性格中最基础的部分。它们对人的影响如此之深，以至于每个人的性格都会与之紧密相关。但情感图式可能会对"情感联结"造成很大的伤害，因为大部分创伤都跟人与人之间的冲突有关，所以情感图式在亲密关系中的表现尤为突出。下面有一些由过去经历造成的常见情感图式，这些都可能给你现在的关系带来麻烦。

- **嫉妒**。如果你喜欢的人说他只喜欢别人，或者你知道他选择跟别人待在一起时，你会十分嫉妒。
- **害怕分别**。可能仅仅对人说再见或者看见你爱的人打包行李，就会让你感到非常难受。
- **害怕身体虐待、性虐待以及言语暴力**。你可能会因为音量的提升、性前奏的发展，或者仅仅一个突然靠近你的动作而感到害怕。

- 感到被控制或者被剥削。别人对你指手画脚,或者借东西不还,或者借鉴你的想法却没有将其归功于你,让你有种被控制或被剥削的感受。

- 感觉自己并不是一个"真正的男人"或"真正的女人"。你如果是一名男性,当别人说你多愁善感,或者一个女人对你特别冷漠时,你会害怕自己不像个男人。而你如果是一个女人,当你听到别人说你野心太大、没结婚、没孩子,或只生一个小孩时,你会害怕自己不像个女人。

- 害怕因为别人无法实现自己的愿望。这种情感图式会出现在亲密关系中,比如对方想要花钱,但你却想要存钱去实现个人目标。

- 不得不顺从并取悦他人。这种情况的出现可能仅仅是因为别人对你发火,或者他的需求跟你不同。

情感图式到底能带来多坏的影响?有一次我说我老公是"邪恶的化身",但其实他非常爱我。这个例子体现出:如果我们把现在的状况跟过去受虐待的经历混淆在一起,就会出现这种矛盾的情况。非常幸运的是,我和我老公的关系没有因此破裂。

如果情感图式被引发,会带来什么样的感受

当情感图式被启动,一个人会变得不像他自己。因为这些情感图式是创伤遗留下来的,与我们本身是相分离的:通常日常生活中也意识不到它们的存在——直到它们被激发出来。尽管它们是你内

心深处的想法，但你还是会感到很诧异。你会说："谁？我吗？我嫉妒人家？没有的事儿。"等明白之后，你也许会对自己的行为感到非常羞愧，甚至因为当时的"不可理喻"而看不起自己。

例如，童年时期被人欺负这件事，经常会让你感到挫败跟无助。这一创伤就为情感图式播下了种子。情感图式会记录每一次你被人拒绝，甚至害怕被拒绝的经历。在学校时你很不自信，所以没有什么名气。对一些小孩来说，搬过几次家并不是什么大问题。但对你来说，搬到一个陌生的地方，会激发你的情感图式——你觉得自己备受排挤。

现在的你工作很出色，与朋友和家人相处得很好，也很享受自己的生活。但是每当你去到一个全是陌生人的聚会，就会变得特别害羞，这让你无法忍受。因为你根本不知道该说些什么，结果是自己像个雕塑一样，站在那里一动不动。也许你觉得你可以改变这种现状，但是每次的结果都会令人大失所望。不管你现在有多成功，多开心，情感图式都会让你失态，变得垂头丧气，为自己愚蠢的表现感到丢脸。

就像上述例子中所描述的，情感图式会造成各种各样的问题。其中一个问题就是这些图式一旦出现，所有的"情感联结"都会遭到破坏。所以有的人会突然脱离群体，进入一个再次受伤的世界，这里的一切都与他第一次受伤时遇到的东西有关。小时候受到欺凌的小孩后来会变得害怕失败和被人拒绝，这些令他们害怕的东西会重复出现在不同的场景中。所以当你进入那个陌生的场合，你便再次变回学校里那个被欺负的新学生。被欺负之后的你完全丧失了信心，比别人遭受了更多的苦难。现在，你又再次经历了这个场景，心里想着"没有人想要和我做朋友"。这是因为你已经写好了"社会比较"的剧本，而其他人都只是配合表演的演员而已。即使在这个屋子里，有很多人想和你建立"情感联结"，但是你给自己的角色设定是"一个非常安静的人"，所以不管别人对你多友好，你对他们的角色设定就是"拒绝你"。

情感图式不仅能阻断人与人之间的"情感联结"，还能让亲人之间反目成仇。这可能是一时的，也可能是永久性的。下面就有一个这样的情况，比如一个被别人背叛的人，发展出了跟"嫉妒"相关的情感图式，他会认为解决问题的唯一方法就是让别人完全受到自己的控制。情感图式几乎无所不能。但你如果还记得情感图式最主要的目的是保证避免再次受伤的话，这一切就显得很合理了。

学以致用

本章中，我们学会了评估自我低估的程度，也弄清楚了那些对自己有影响的创伤经历，并开始思考延伸出来的情感图式。我们可以看到，创伤以及情感图式，总是跟失败和无能为力有关，还伴随着沮丧和羞愧。另外，我们也知道被歧视、高度敏感的个性、缺乏安全感的依附关系会如何加深创伤的影响，并且做了相关记录。

领悟创伤对自我低估的所有影响

好好抓住这个机会,看看你现在对自己的了解有多少。你可能需要很多时间去反思自己。在做以下任务的同时,把答案记入日记本中。记的时候不要着急,想好再动笔。

1. 重回本章一开始,找到"你有多低估自己"那一栏,看看当时你的自我测评是多少分,还有你因为自我低估受到了多大的痛苦,损失了多少机会。请认真、系统地思考这个问题,考虑自我低估如何影响了你的童年生活(包括在家和在学校)。比如你是否因为缺乏信心,使得身体各方面的发展受到了影响?或者你是否因为害怕压力带来的不适,所以没有参加任何体育运动?你是否因为考试成绩不佳或害怕提问,使自己的学业受到了影响?你是不是因为对所有人都很害羞,或者对所有人都很愤怒,使自己的社交受到了限制?记录的答案要尽可能详细。然后想想你高中时期的恋爱、友情、后来的职业选择以及晋升。你本来想要做什么职业?是否因为自我低估而放弃了?
2. 想一想自己在童年以及成年创伤表格中打了多少勾,这是不是能说明你自我低估的程度?通常表格中打勾打得越密,自我低估就越严重。

处理自己的情感图式

尽管情感图式是我们性格中非常基础的一部分,而且不能完全去除，但我们的目标是防止它们频繁地出现，还要尽快地认出它们。想要做到这一点，每个人必须对自己的情感图式非常熟悉。有些情感图式很难看清楚，所以我们还需要以下这些方法来帮助自己了解它们。

1. 回想生活中的伤痛，看看它们引发了哪种情感图式。比如一个人工作做得很好，却突然被公司辞退。在找下一份工作时，他就会变得很警惕，甚至会毫无理由地猜疑起来。尽管他已经学会如何避免类似的创伤，但是这个情感图式还是会出现。在这个例子中，你也许就会离开公司，不再对管理者有所依恋。

2. 我们每次都需要思考创伤的原因是什么，还有它如何引发出了一种情感图式。上述被公司辞退的那个人可能会选择自己创业，这样就能避免被裁员的风险。但是现在，他最大的客户突然提出要"辞退"他。这时，以前的情感图式仍然存在，但是现在只要稍微有点类似的情况发生，它可能就会被触发。

3. 想想情感图式被启动后，那些你完全不是你自己的时刻吧。你可能会变得安静，或者爱吵架；声音会紧绷，不管是音量高还是低。还有说的话都很绝对（总是，从不，非黑即白）。你不懂别人为什么看不到你眼中的场景，你觉得身体里有一种愤怒、害怕、悲伤或者其他强烈的情感。而这些感受都与实际情况不符。你变得对人不公、猜疑或者害怕别人，或者发疯似的爱他们，想他们。

4. 如果发现自己有某种情感图式，请向那些了解自己的人寻求帮助，向他们解释清楚情感图式的概念。他们有可能会发现你的情感图式是由什么引发的。但是要提醒他们温柔一点儿，尽量保持客观，就像科学家寻找答案时那样，这样才能保证情感图式不再被引发出来。

如果感觉到自己的某个情感图式被启动了，我们可以清楚地知道是什么在捣鬼，并有意识地运用所学知识消除它。有时你可以把情感图式当作内心里另外一个不受控制的自我。你想在他活跃起来之前跟他见面，并且稳住他，这样做是非常有用的。你甚至可以尝试把他出来的门给关上，帮他起个昵称，比如称他为"安静的雕塑先生"或者"爱嫉妒的坚果"。你可以跟他讲道理，甚至贿赂、恳求以及奉承他。最后，你跟他达成一个交易——只要他同意不逼你做你不愿做的事，不让你说事后会后悔的话，你可以做任何事。

比如一个人突然知道自己的女朋友在跟别人约会。他可以告诉自己内心的那位"爱嫉妒的坚果"，他会再问一次她是不是在跟别人约会，而且仔细观察她的表情。但是他不会趁她不在家的时候，偷看她的邮件。因为这会违反原则，他的女朋友也会以此为理由离开他。

自我低估的过往

写下一到两页的个人历史总结，想想关于自我低估这个问题，你意识到了多少？你经历了什么样的创伤？强度有多大？歧视、高度敏感以及缺乏安全感的依附关系在当中起到了什么作用？你的大脑对应发展出了何种情感图式？

与这些创伤引起的感受进行交流会对你很有帮助，我们后面有些章节还会用到这些。

第四章

用"情感联结"
治愈被低估的自我

你现在已经知道导致自我低估的内在原因,还有它为什么会带来挫败、沮丧和羞愧的感受。你已经了解,人们为了逃避痛苦所使用的六种自我保护手段。你也知道过去的创伤和存在的情感图式会让你使用更多的自我保护手段,从而使自我低估的现象更加严重。现在你能更清楚地看到那个被低估的自我,相信你已经做好准备去治愈被低估的自我了。

典型的做法是增强自尊心。这个方法是建立在"社会比较"基础上的。当你自我低估的时候,你已经过多地依靠"社会比较"来控制自己,所以继续依靠这一方法是行不通的。正确的解决方案应该是"情感联结",它与"社会比较"和自我低估一样,早已存在于我们的大脑中。也就是说,其实解决方法就在我们的头脑里。要用好它,你要学会实现从"社会比较"到"情感联结"的转换。

在治愈的过程中,"社会比较"还是有它的作用。它会让你在该竞争的时候去竞争,在冲突中保卫自己的权益,守住自己的界限。但是当"社会比较"变成了你生活的主要内容,被低估的自我就无法得到治愈。治愈被低估的自我应该遵循这样一个原则——哪里有"社会比较",哪里就要有"情感联结"。

为什么"情感联结"会成为绝佳的治疗方案?

实现从"社会比较"到"情感联结"的转换,可以让被低估的自我不再出现。因为只有在"社会比较"的情况下,我们才会去跟别人比较个人整体价值，从而把自己看得很低。一旦我们跟别人有了"情感联结"，我们更加关注的将是关爱的"相互性"，而不是它的"不平等性"。

即使在"社会比较"的情况下，你依然能够提高与他人的"情感联结"。比如你可以跟网球赛里的竞争对手做朋友，或是跟一起面试的小伙伴们聊天。这种"情感联结"能很好地减少自我低估现象出现的频率。一般来说，当你转换到"情感联结"模式时，害怕失败的心理就会隐去。因为你感受到的是与他人的联结，而不是被人批判。此时成功或者失败都与你无关，你不会陷入沮丧和羞愧的失败反应中去，也不会降低自我价值。研究结果表明，不管是在实验中还是实际生活中，当人们做出这样的转变，都会出现以下结果：

- 自尊心加强。[1]
- 思想更加开明。[2]
- 偏见减少。实验表明，每当人们感到自己低人或者高人一等时（他们往往更看重"社会比较"），他们的偏见值就会超出正常范围。但如果他们更侧重"情感联结"，偏见值就会降到一般水平以下。[3]
- 承受压力的人会去寻求帮助，而不是浪费时间自我抱怨。[4]
- 变得愿意帮助不认识的人，并且不再惧怕在参与过程中受挫。[5]

"情感联结"是否与人的性格有关

很多人都认为,性格外向的人更注重"情感联结"。但其实"情感联结"对于性格内向的人来说更为重要,因为他们更关心"情感联结"的质量,而不是数量。⁶ 内向的人更愿意跟他们熟悉的人进行一对一、敞开心扉的深入交谈。他们不愿意见陌生人,不喜欢跟很多人待在一起,也不会有很多知心朋友。

这种倾向会让大家认为性格内向的人一无是处,十分脆弱。因为外向的人能很快地跟大家打成一片,而内向的人总是冷眼旁观或者保持安静。尽管这是自我选择,但是由于缺乏参与,性格内向的人会感受到自己地位下降,或被别人排斥。紧接着,他们的社交技能也会变得笨拙。因此,他们经常会在一个大群体中感到受挫,或者在第一次跟别人见面时,便被"自我低估"牢牢锁住。性格内向者能够,也必须学会跟别人相处,即使是身处不太自在的社交场合。如果他们想要避免自我低估,交到新朋友的话,就必须这样做。因为兴趣爱好变了,朋友也会发生改变。

如果你是个性格外向的人,却依然有低估自己的情况,那么可能是因为你跟别人的联系还不够深入。在你心底,你仍然觉得自己不如别人,这里的别人包括那些安静但却十分聪明的内向型人。有时候,即使一个人看起来非常自信,他的内心也可能很挣扎,觉得自己毫无用武之地。他也许能跟别人侃侃而谈,关系处得好像不错,但却总担心自己说太多,会跟别人发生争吵;又担心自己太过强势或太过友好；还担心跟别人聊天的内容都是泛泛而谈。当你这样做的时候，看起来是在发展"情感联结"，但实际上还是在跟别人作比较。

有技巧并且优雅地跟人相处

"情感联结"也许是人与生俱来的，但在不确定自己是否擅长的时候，我们可以有意识地进行一些准备。不管你是想跟一个陌生人，或是一位想要深入交往的熟人，或是你的老朋友建立"情感联结"，通常都需要采取以下两个步骤：一、开始建立联系；二、随后慢慢加强。在这两步中，你需要记住以下几点。

最普遍的交友方式是送她吃的、喝的或是礼物。你可以用这个方法开始或者维持一段关系。我丈夫在一次长途飞行中，给了他的邻座一颗糖果，没想到这颗小小的糖果使得他的整个旅程都非常愉快。

跟他人有身体接触。在与他人接触的过程中，如果能坚持适度原则，那么你将很容易与他人建立联系。当你跟别人见面时，可以尝试使用一些传统但却暖心的问候方式，比如握手后说"很高兴见到你"或者"很高兴再次见到你"。如果你喜欢的人不开心，你可以设身处地地为她着想，试着拍拍她的肩膀或者手臂来安慰她。

现在我们大多都是利用语言进行"情感联结"。比如赞美别人以及鼓励别人对你敞开心扉。假如你的同事正在担心他10来岁的儿子,下次碰面时你可以问他:"你儿子现在怎么样了?"通过这种问候,你可以建立或者加强你们间的"情感联结"。

在回答问题时你要特别注意,尤其是当你被邀请做个人评论时。如果你有个即将年满16岁的儿子,当被问到这个问题的时候,你会说:"虽然他马上要过生日了,但我特别希望他过的是30岁生日,而不是现在这个16岁生日。"在交流中互相透露的细节越多,彼此间的"情感联结"就越能被激发,你们越容易成为更好的朋友。

"情感联结"也要求适度。谈话中的适度意味着你需要关心对方的所思所想。如果他正忙着赶场,或者此时没有心情听你讲话,那么你就不要在这个时候跟他说心事。当别人婉拒了你,不要硬塞给人家礼物,或者坚持要帮人家搬东西、跟他拥抱、强拉她去吃饭。这就跟你不会逼着别人帮你做任何事一样。再说,能够做到恰到好处地与人相处,这本身就是一个不错的礼物——让大家知道你是懂得如何回应并且尊重别人的。

给予彼此足够的个人空间。尽管这看起来很矛盾,但是把两个人的兴趣捆绑到一起,并不能帮助"情感联结"的发展。一旦意见出现分歧,你们会觉得非常崩溃,会说:"我不敢相信你居然讨厌它——我那么喜欢。"但也不是说两人互不干涉,比如"哦,不管你想要什么,我都不关心"。两个人只有在尊重彼此个人空间的前提下,才能进行持久有效的"情感联结"。

"情感联结"行为

- 送好吃的。
- 敞开心扉或仔细聆听。
- 给别人提供帮助。
- 赞扬他。
- 寻求帮助,在没到走投无路时。
- 送她礼物。
- 友好的身体接触。
- 互相握手。
- 表达真实的兴趣。
- 说关心人的话。
- 袒露内心想法。
- 承认彼此的"情感联结",比如说句,"很高兴能跟你做朋友"。
- 互相尊重彼此的观点,不强求意见一致。

创建"情感联结"

你如果是个自我低估的人,开始"情感联结"的第一步往往是最难的。你生来就害怕被人拒绝,但在大多数情况下,大家其实是希望跟你建立"情感联结"的。当你陷入慌乱或者身处"社会比较"模式中时,记住你有以下四件事可以做。我把它们称为"寻求联结点"（SEEK），分别**包括微笑 (Smile)、眼神交流 (make Eye contact)、表现同理心 (Empathize)、表示友好 (show Kindness)**。微笑是全世界通用语言，我们可以用它来开始一段新的关系。眼神交流不是说盯着人家看，也不是看向别处，而是代表着平等相处。虽然"微笑"跟"眼神交流"这两点的作用显而易见。但如果你身处"社会比较"模式，同时又觉得自己很没用的话，你会很容易忘记要对人微笑，还有和他人进行眼神交流。

表现同理心是指你在跟别人交谈时，要将心比心。比如，如果他说："我热得快被烤熟了。"在考虑如何解决这个问题之前，你可以说："我能想象在大太阳底下排队肯定很热，对吧？"

你不应该说"我也好热"，或者"你为什么不把外套给脱了呢"，这些回答表示你对他没有同理心。说"我也好热"是把注意力转到自己身上。而后一句话是说，这是他的问题，与你无关。最好的说法是，"有什么我能帮你的吗？"

最后要表示你的友好。请记住，"情感联结"很重要的一部分就是询问别人的需求，并尽自己所能地满足它。所以，首先你必须要了解别人真正的需求，不要自以为是，给人留下自说自话的印象。相反，你可以问一句："要我给你拿点水吗？"如此显而易见的事却经常被人忽略，切记待人要友好。

> ### 如何建立"情感联结":寻求联结点(SEEK)
>
> - **微笑**。大家都知道微笑待人很重要,但经常会忘记这一点。
> - **眼神交流**。如果你不敢看对方的眼睛,说明你的地位比他低。代表着你心中想的是"社会比较",而不是"情感联结"。
> - **表现同理心**。尝试理解另外一个人的感受,并且表现出对他的理解。
> - **表示友好**。做一些体贴或帮助他人的事。

如果想要开始一段真正的关系,而不仅仅停留在打招呼层面,你应该跟他继续交谈。什么样的交谈都可以,只要不跟"社会比较"有关就行。但谈论某些特定话题能让你们之间的关系变得更好,比如人们通常喜欢谈论有关孩子、伴侣、职业或者童年回忆等方面的话题。如果别人问你这些问题,你一定要真诚地回答。紧接着你还要再追问一个问题,以显示你对该话题真的感兴趣。如果你的回答很冷淡,这会让别人觉得你其实是为了进行"社会比较"而假装感兴趣。

> ### 增进感情的好问题以及后续问答
>
> - 你是不是结婚了(如果看到她手上戴了戒指)?你们俩是怎么认识的?你怎么知道他就是你要找的那个人?
> - 你是在这里长大的吗?在这里成长有什么样的感受?
> - 我听说你是个很爱旅行的人,最近有没有去什么好玩的地

> 方？你还会再去那儿吗？
> - 我听说你又养了一只狗（或者猫）？它叫什么名字？长什么样子啊？
> - 你不在这个组织的时候，都做了些什么啊（不要问别人具体职业是什么，可能他并没有）？你感觉做得怎么样？

给予能增进"情感联结"

一共有两种"情感联结"模式：给予和接受。一方诉说，另一方倾听；一方提供食物，另一方享用；一方赞美，另一方感到开心。即使接受的那一方看起来地位更高，这都与"社会比较"无关。两人互相给予时主要是看谁需要接受帮助，而不是看地位高低。

"情感联结"的本质是给予，即给对方他想要的东西，或是让他开心。有时候我们也会为了"社会比较"而给予，比如说为了获得一些人的青睐，或者就因为他们地位比你高而讨好他们。但是单纯地为了"情感联结"而给予则是另外一回事。

比如周六你跟同事要一起加班。你开始使用"寻求联结点"（SEEK）的方式进行"情感联结"。你微笑地看着她的眼睛，注意到她的情绪有点低落。她说是因为加班不能到现场看儿子踢足球比赛，所以很难过。你对她表现出了同理心，为了表示友好，还倒了一杯她爱喝的咖啡。

当你成功迈出第一步后，如果想要继续加深你们两人之间的关系，你就得给予：**理解对方的情感，深入了解，用话语表达出来，表示同理心。**

在这种情况下，第一步，理解对方的情感，就是设身处地想想她会有什么样的感受。你可能会想，"天啊，她现在满脑子都是孩子，她不能去现场看小孩踢比赛真难受。我知道那是一种什么样的感受，我也是总出差，参加不了孩子的活动。"接着更进一步了解她的想法，"她应该想要谈一谈这个会踢足球的儿子。"

以上都是你大脑中思考的内容——这就是我们通常所说的体贴周到。现在你把自己对她这种遭遇的理解用语言表达出来。"不能去现场看儿子踢球肯定很难受吧？他踢球踢多长时间啦？他们球队踢得怎么样？"表达出你对她聊天需求的理解，这是很重要的一步。有时候你虽然能在感情上理解对方的感受，也能深入洞知她的心事，同时还有真心和同理心，但如果没有很好地表现出来，也没有把它说出来，你就会失去跟别人增进"情感联结"的机会。当对方是内向性格的人时尤其如此。

最后，如果你的给予没有显示出同理心，你是无法成功跟别人有"情感联结"的。同理心，指的是一种能深入他人主观世界，了解其感受的能力。也就是说，你要弄清楚并理解她正在经历些什么，有什么样的感受。但是不要把你的注意力转移到自己身上，因为同理心意味着要理解别人的感受。当我们想要跟别人发展关系时，再多的同理心都不嫌多。面对你同事这件事，你可以饱含同理心地说，"我知道错过孩子的比赛对你来说是件很难过的事。比赛开始了，但是你却没能去给他加油。"

> ## 加强关系：给予（GIVE）
>
> - **理解对方的情感**。首先想想别人身上究竟发生了什么，有什么样的感受。
> - **深入了解**。想想有没有什么办法可以知道别人的需要。
> - **用话语表达出来**。用语言满足对方的需要，使你们的"情感联结"更加清晰。你可以告诉他，你理解他，同时表达出自己的感受。询问对方你是否可以为他做些什么。
> - **表达同理心**。在上面的每个阶段中，你都要努力地站在对方的角度观察你们之间的互动。

接受也能带来"情感联结"

"情感联结"通常被认为是主动出击，意味着你要自发地喜欢、理解和帮助别人。但是要想巧妙地发展"情感联结"，你必须允许别人也喜欢、理解和帮助你。你需要享受别人给你的帮助。这一点听起来容易，但是在自我低估的情况下，你会觉得自己不值得别人友好的关心。在一种强调"社会比较"的文化中，接受"情感联结"，可能会带来很多不好的看法。比如说你"不能独立"，或者"像个孩子一样长不大"。有很多词用来形容付出的行为，像是待人友好、乐于奉献、慷慨大方、热心助人，但表示接受的词只有日语里的"あまえる"[7]（那我就不客气了），意思是一个人可以依靠或者渴望别人为他付出，享受别人的关爱；觉得有人珍惜自己。如果怀疑自身的价值，相比于"付出"，你可能更难做到"接受"——觉得自己不值得别人"付出"。

善意的友好，这是最容易接受的一种。但是有时你需要说出自己想要什么，这样别人才能帮助你。问问自己以下三个问题，评估看看你是否可以这样接受或者寻求别人的帮助。

- 你需要别人的付出吗？地点、时间、付出的人是否合适，是否能满足你的需求？比如，哥哥可能是帮你搬家的最佳人选，但却不一定是能安抚你情绪的那个人。
- 别人能够为你付出吗？有可能你的朋友正为自己的事忙得团团转呢。
- 是时候接受别人的付出了吗？尽管在"情感联结"中计较得失是不可取的，但这个问题可以帮你想想自己是不是已经付出太多，是时候该接受别人对你的付出了。

想象一下跟朋友见面吃饭时的场景。你来到餐桌前，听到他正在哼一首曲子。在你眼中，他永远是那么的开心友好，充满正能量。而你内心那个被低估的自我却说："我正好相反。"尤其是今天晚上，你闷闷不乐、烦躁易怒、非常疲劳，感觉会把他的情绪也带得很低落。此时你需要知道的是，你当时的情绪没有任何问题，不需要为对方做出改变。

他说：“嗨，今天怎么样啊？”

你不要草草地回答说：“我还好。”你只有表达出自己内心的真实感受，才能增进彼此的关系。你可以说：“我累坏了。"

他对你表示同理心，于是你接着说：“我这几天一直感觉很累。”这时你突然意识到，累坏的原因可能是因为你爸爸生病了。

朋友让你坐下慢慢说，问道：“你爸爸怎么了？”

"他周三给我打电话，之前他从来没有跟我抱怨过什么，但是那次他说自己一直咳嗽，止都止不住，需要医生给他检查。所以我爸非常担心。"

你的朋友现在有两个选择，是继续对你表示同理心，还是岔开话题？你感受到他想多关心关心你，"天哪，这有点吓人，我们可以点些吃的，边吃边聊。"

你同意点餐。在点餐的时候，你觉得自己的心情稍微变好了一些。

这就是你刚刚所做的：

- 接受自己当时的感受。
- 用语言表达出来。
- 注意到你的朋友能够给你关心。
- 继续说出内心的想法，直到他的同理心让你的心情变好为止。

在某些情况下，如果你的自我低估被激发，还有另外一种方式帮你转向"情感联结"。这种方式就是向你的朋友或者同事求助，接受他们的关心。这些人都是真心待你，对你非常不错的，看看他们对你的处境有什么样的看法。比如你跟一位同事拼车，一起上班，你们是很好的朋友。有一天你觉得工作特别不顺，回家的路上你说自己是"世界上最糟糕的药剂师"，你接受了自己的情绪并把它说了出来。同事认为你做得很好，并且对你需要改进的地方提出了建议。她说那两个因为排队而发火的顾客，本来就是那种尖酸刻薄的人。而且医药代表对你言辞不善，是因为她那天心情不好而已。你选择相信她的解释。

有时你可以让自己的需求通过第三方的传达被其他人知道。举个例子，菲莉丝知道自己有自我低估的毛病，当她对自己的工作表现非常没底时，她担心老板休斯顿不是真正地欣赏她。虽然她知道自己这样想很不理智，但她无法控制自己。在她过生日的前几天，老板的朋友约翰来到菲莉丝的办公桌前。约翰跟菲莉丝关系不错，他说老板休斯顿知道她的生日要到了，猜测老板会请她出去吃个午饭。

菲莉丝决心冒个险，因为她知道老板很有可能会听到自己接下来说的这番话。她半开玩笑地说："不会的，老板不会请我去吃午餐的，我想他一定是高看我了。"

约翰大吃一惊，说："在我印象中，老板对你的评价很高，他会邀请你出去吃午饭的。"

就在那天下午，老板不仅询问菲莉丝生日当天是否愿意跟他一起吃午餐，还邀请她周末去他家里参加个小聚会。从那以后他们的关系一直处得很好。

付出和接受的角色是需要交替互换的,尤其在一段关系刚开始的时候。如果两者平衡不好,就会再次变成"社会比较"的关系——只有一方在一直付出。一旦关系确立之后,付出和接受的角色可以根据彼此需求的程度来定。不要急着回报别人对你的好意,因为这样会中断你接受好意的这个过程。所以如果对方说,"你今天看起来过得不怎么样。"你不用立刻回答说:"我知道你今天也很累。"还有如果你是关心别人的一方,不要急着说你也遇到同样的问题,这会让别人觉得你需要他的关心,而不是你来关心他。如果没有深度交流,彼此的联系就会变得流于表面。当对方说:"我很担心我妈——她今天要拿活检报告。"这时,你不要一脸同情地说:"我知道你母亲的感受,因为我最爱的阿姨去年也有过同样的经历。"相反,你应该说:"天啊,你肯定很想知道这个活检结果。"如果你的经历跟这件事有关,你可以在说完这句话之后再分享,因为一不小心话题就会变了。

如果建立"情感联结"不成功,如何才能避免自我低估

跟不太相熟的人建立联系是有一定风险的,尤其当你想要袒露自己的需求,寻求帮助的时候。当你想要对方给予帮助,却没有人理你时,你会觉得很没面子。假如你说出"我好累,很担心父亲身体健康"时,有朋友回应说:"这样啊,吃点晚饭会让你好受一点儿。"或者更不济一点儿,他会说:"你总是一副看起来很累的样

子。"又或者你们本来相约吃完这顿饭之后很快会再聚一次,但几个月过去了,你的朋友也没有再联系过你。

你要好好想一想,为什么人家没有回应你或直接拒绝你的要求?当然有一些现实原因,比如你的朋友可能有很多事要忙,所以你要试着谅解他来维持"情感联结"。

有时你想不到别人能有什么借口。如果你拥有跟"被拒绝"相关的情感图式,你很难不去作比较,结果是自我低估占了上风。你需要知道,别人在伤害你或者让你感到羞愧时,他究竟在想些什么?现在至少有四种可能性:第一,你自己处在一个"社会比较"的环境中;第二,对方在使用自我保护手段;第三,你碰到他极力逃避的敏感问题;第四,你引发了他的情感图式。

不要被"社会比较"的环境打垮

如果你想跟别人发展"情感联结",但是遭到了拒绝;或者他们跟你打招呼时很冷淡;或者别人经常以怀疑的眼光看待你;或者你们互相仅以工作能力来评价对方。那么你就该思考你是不是已经处于一个"社会比较"的环境当中。在这里,大家的关注点都放在"社会比较"上,看不见"情感联结"。某些文化一直提倡"社会比较"。每个国家都有自己的文化,就像一个家庭、企业、组织、学校也都有自己的文化一样。在有些文化中,一个人的成功与否是由你如何与别人相处,相处得好不好决定的。比如你待人是不是友好礼貌,有没有团队合作精神,会不会避免冲突、分享所学,等等。而其他文化则强烈鼓励人们进行"社会比较",比如竞争、效率、效益、骄傲和胜利。当然还有一些文化试图在这两者之间找到平衡。

在一个主张过度竞争的社会里,靠近别人反而会让他们怀疑你的动机,他们会表现得很冷淡。在一场晚会中,你认为你在跟别人进行情感交流。但后来听到别人评价你的社交能力,说你是个"关系网打造者",或者是个"社交傻子"。或许他们是为了"社会比较"的目的才跟你打交道。他们一开始跟你结盟,但是后来又背叛你。被别人拒绝或者允许别人耍弄自己,会导致你低估自己。

最坏的情况是,当你给别人送礼物、赞美别人时,别人却把这种行为当作地位低下和服从的表现。尤其当你的声音或肢体语言也表现出你自我低估的倾向时,别人会更坚定他们的判断。如果你意识到这样做只会让你感到低人一等时,你要停下来,重新审视自我和别人的价值。想要跟人亲近并不意味着要低人一等,所以不要总当老好人。"爱能战胜一切"这句话只有在你的付出不会成为别人炫耀的战利品时才能成立。

但在崇尚竞争的文化里,你得学会理解并面对这一切。你无需自责,因为你的文化鼓励你跟别人竞争。你要相信人与人之间依然有真正的"情感联结"。这不是天方夜谭,要对寻找"情感联结"抱有希望。

当别人运用自我保护手段对付你时

如果你尝试跟别人发展"情感联结",但可能会碰到因对方自我低估而产生羞愧并且让他使用保护手段的情况。比如你本来打算跟一个刚认识的朋友购物，但因为一些原因，你迟到了。你很真诚地跟她道歉，但她下意识里觉得你迟到是因为你觉得自己的地位比她高——你的时间比她的要值钱。她处在一种"社会比较"的情绪里，除非她自己能发现这个问题。她可能跟你说"没关系"，这是弱化自我的表现；或者表现得像个毫无竞争心的人，"我从来不会为这件事烦心"。但后来整个下午，她都对你不冷不热，你感到被冷落了。如果再加上她情绪不稳定，她可能会说："我不敢相信你竟然迟到了这么长时间。好好的一天都被你毁了。"她使用"责怪他人"这一招让你感到羞愧。

她觉得你一点儿都不在乎她，"羞愧"这个皮球在你们二人间弹来弹去。她一点儿也不想认为自己掉价或感到失败、羞愧，所以这个球就被扔到你这儿。稳定的"情感联结"需要当事人有主导自己和他人关系的能力，而不是被别人牵着鼻子走。如果你的朋友没有回应你的好意，你可以假设她是在用这样的方法保护自己，继续示好会让你的心情好过一点儿。在十分钟的沉寂之后，你可以说："你是不是因为我迟到生气啦，我也很难过。但我觉得就算你再生气，我们的友谊也不会变。"

六种自我保护手段通常会在你不知道的情况下出现，这并不会影响到你们之间的谈话，但你会稍微感觉到自己变得有点内疚、愚蠢，甚至粗鲁。比如你说"祝贺你获奖"。对方不想显得很自负，所以他使用"不竞争"手段说:"这奖总得颁给一个人,今年正好轮到我吧。"或者你和朋友选了一家餐厅吃饭,你一进门就觉得"这家餐厅很吵"。说这话感觉像是在责怪你朋友,他说:"是你说这家氛围不错,我们才来的。"你没有继续争辩,至少你明白他话里的含义。

表明观点的最好方法是,不仅要有"情感联结",而且还要说出你内在的羞愧之情。让对方知道你不是在评判他,而是和他感同身受。告诉他你依然喜欢着他,还可以说一些你喜欢他的原因。你可以暗示你们之前也有过类似的关系和经历,"我们以前也互相争吵过,但这都会过去的。"

所以当你朋友说"这奖总得颁给一个人,今年正好轮到我"时,你可以说:"别担心,我觉得你不是那种有一点儿成绩就会骄傲自负的人。你是凭实力获奖的,要是我获奖,我一定感到很自豪。"

当你说那家餐厅很吵,你的朋友责怪说都是因为你才选择了这家时,你不要接受他的指责,也不要怼回去,你可以说:"我们都不知道这里会这么吵,但我想我们应该都不愿意在这儿用餐了。"

有时你会发现,你想要接近的人一直都在使用不同的自我保护手段,比如超越自我、不竞争、自我膨胀等。他们都被困在"社会比较"中难以自拔,一直在跟强烈的自我低估心理作斗争,以至于他们几乎总能让别人也变得自我低估。对此,最好的防御措施就是:认清楚这一切,并保持"情感联结"的心态。你应该为别人的自我低估的心理感到同情,而不应该感到被他拒绝,或产生低人一等的想法。

伊莎贝尔的自我保护手段

想象你跟老公一起去远足，同行的还有另外一对情侣，帕特和伊莎贝尔。你老公跟帕特是多年一起打垒球的小伙伴。远足的时候，他俩因为谈论上一场比赛掉队了。你知道他们希望你和帕特的新女朋友——伊莎贝尔搞好关系，这样你们四个以后就可以经常出来玩了。

你听人说伊莎贝尔最近一段时间不是很开心。她母亲在今年的一场意外中去世了，伊莎贝尔自己最近也被查出有心脏问题，可能需要动手术。多年来，她一直作为铁人三项的运动员在参加比赛。心脏被查出有问题，对她来说是个沉重的打击。如果她不愿意跟你谈论这些，你是不会冒着让她不开心的风险去继续这个话题的。但你仍想使用给予的方法为她做点什么。也就是说，你想要设身处地地体会她的处境，表达自己对这个话题的兴趣，理解对方的所思所想，并且用言语表达出来，让她知道你在关心她。反正你已经做好对伊莎贝尔表达同理心的准备，但你不知道的是，伊莎贝尔不喜欢自己的母亲，而且她参加铁人三项比赛，是她"超越自我"的表现，所以她的心脏问题会给她带来羞耻感。在下面的对话中，你会听到六种自我保护手段。

完全不知情的你说："你今年好像过得很不顺。"

她回："没那么糟糕。"（弱化自我）

你有点被摆下了，但是你继续试着去了解——也许伊莎贝尔弱化自我是因为她不想给别人造成负担。你是否应该说出她在弱化什么问题呢？（可能她不想提及，你需要格外小心。）

"我听说你心脏有问题。这肯定需要很长时间才能适应。"

"每个人都这么说，好像他们希望我接受开胸手术一样，我讨厌别人同情我。"（她在怪你跟别人一样同情她。）

"是啊，我想每个人都会这么说。"为了和她继续交谈下去，你主动转移话题，"我听说你赢过两次铁人三项的冠军，是怎么赢的啊？"

"我从不为了获奖而去做任何事。"（不竞争）

你想表示对她的理解，告诉她你知道这些感受，而不是说些冰冷的话语。"听起来你非常自豪。对你而言，练习铁人三项不仅仅是一种保持健康的方式，对吧？"

"不管做什么，我都会尽力做好，但我想要的远远不止于此。"（超越自我）

"做到最好会让你感到很自豪。"

"我觉得自豪没什么，真的。"（自我膨胀：因为你表现得很喜欢自豪感，而她炫耀自己比你厉害——她并不在乎这些。）

你已经词穷了，所以你打出了万能牌，说："你知道吗，我们有些地方很相像。上大学时，我母亲去世了。我大概花了三年的时间才恢复过来。"

"很抱歉，你失去了母亲，我其实还好，但是你感觉好像难过得快要死去了。"（投射）

现在你也许觉得心里有点不愉快，你碰到了一个铜墙铁壁般的女人，她用的自我保护手段非常微妙。感觉到不对劲儿是对的，这样你才能认识到她在使用哪些自我保护手段——你很蠢地在她弱化自我时小题大做，让她好责怪你同情她；很糊涂地在不竞争主义者面前提竞争这回事儿；对她每件事都要超越自我印象深刻；她认为自豪没有什么，反而让你感到低人一等；被投射说因为自己母亲的去世差点难过死。她把自己羞耻的皮球扔给了你，这是一个很大的皮球，而你中招了。

下面有一些建议可以让你保持"情感联结"，不至于使你们都感到羞愧。尽管这些反应很难及时做出，但勤加练习就能做到。除了像伊莎贝尔如此棘手的例子，你可能还会遇到其他更多极端自我保护的情况。至少你自始至终都处于"情感联结"模式，这就是抵御羞耻感最好的方法。

当伊莎贝尔暗示她这一年没有过得很糟糕时，你可以说："糟糕也没关系，不是吗？你会因为烦心事而感到沮丧，这是再正常不过的事，没什么好羞愧的。"

当她说："每个人都这么说，好像他们希望我接受开胸手术一样，我讨厌别人同情我。"你可以很好地将这种情况一般化，说："每个人都讨厌别人同情自己。"你还可以尝试一些委婉的讽刺："你好像觉得被别人知道你动手术是件很丢脸的事。"

但伊莎贝尔评论："我从不为了获奖去做任何事。"你可以说，"这种态度很好。你如果身体出现了问题，你竭尽全力也没能得到第一，那么你也不会感到愤怒。"

当她说:"不管做什么,我都会尽力做好,但我想要的远远不止于此。"你可以这样回应她的超越自我手段:"你对待生活好积极,我敢说就算你什么都做不好,帕特也一样爱你。"这是告诉她会有人爱护她。

当她自我膨胀地说:"我觉得自豪没什么,真的。"你可以说:(你如果面对这样刺儿头的伊莎贝尔,还想开导她的话)"我想看到你为自己感到自豪,这一定是件很美好的事。"

最后当伊莎贝尔说:"很抱歉,你失去了母亲,我其实还好,但是你感觉好像难过得快死了。"你可以拒绝她的投射,让她感受正常人的情感是什么样——当然情感没有好坏之分。你可以说:"我有时候跟你一样不觉得难过,但有些时候我还是像其他人一样感到很难过。"

当别人回避情感依恋时

我们在第三章中已经学过:缺乏安全感的人会利用逃避的方法来显示他们不需要任何人的帮忙。由于幼时缺爱,他们现在迫切需要别人的爱。但他们很难意识到这一点。对他们来说,最重要的就是,避免再次承受向别人求助后被拒绝的痛苦。最好的方法就是待人冷漠或者控制好自己的情感,即在得到别人关心时表现得一点儿也不在意。当别人接近时,他们会感到深深的渴望以及恐惧。他们会这样告诉你,"我知道你有多么渴望被爱,但我从来不会像你那样渴望。"

如果你恰巧也是个容易自我低估的人，建议在碰到这类情感回避型人时，停止进一步接触。他们的抗拒会让你有被拒绝的感受。只有当他知道你喜欢他，他才会表现出有魅力的一面，在那之后就会继续显得很高冷。比如你打了好几次电话，但他一条信息也没回，你被拒绝了。在你快要忘记他的时候，他又给你打电话了，而且说话的口气仿佛你是他最好的朋友一样。你同意跟他一起喝咖啡，但他却把这件事忘了。你打电话给他，然后你们一起去了咖啡馆，结果他在那碰到一个朋友，后来他们两个人一直聊天，你却被晾在一边。你本来发誓以后再也不跟他一起出去，但自己还是无法抵挡住他的魅力。他邀请你周五晚上出来，并且承诺会主动给你打电话。但是你周五等了一晚上，他却忘了这回事。第二天你收到邮件，他说昨天太忙了，没能来赴约——实际上他已经这样忙了好几个月，这种情况换做任何人都会生气，但你却好像中了他的毒。

有时回避者在治疗恢复期间，会有想要和人交往的想法。很多情感回避者身上都有令人着迷的地方。如果她有某种吸引你的品质，你可以尝试接触她，并且想象自己这么做是为了帮她建立安全感。她不可能在和你交谈几次之后就变得有安全感，但你可以让她感受到真切的关怀，就像你对其他人那样。但要小心，你如果想帮她，但结果许诺的没能兑现——你后来发现，承诺兑现不了或者大打折扣的时候，你的行为只会加深对方的恐惧。记住她内心深处想要的是安全感，还有持久、无条件的爱，但偶尔她也会通过拒绝你的方式来试探你是不是真的爱她。

保护好自己，不要被别人的情感图式所伤

你有没有过这种经历：刚认识一个人，就觉得你们之间有巨大的冲突，感到被人攻击或者觉得自己做错事、很愚蠢、毫无招架之力以及羞耻呢？比如在会议休息时间，你跟同行业的人一起出去吃晚餐。这时你也许已经处于"社会比较"模式，担心别人对你的看法。你决定跟坐在旁边的人好好培养感情。你们聊得很好，他说他已婚有两个小孩，你问他是不是很想念小孩，然后你表达对他的同理心。他问你有没有小孩，这时轮到你接受关心了。你说你没有小孩，并半开玩笑地说，很想念家里养的狗。听到这里，他也许会说："似乎你把狗当成了孩子养。"

你想起训练小狗听话的场景，但你没想要把它当成自己的小孩，对你来说思念家里的狗是一件很正常的事。你试图不用自我保护手段来开解自己，你只是说："天啊，我从来不这么想。"

他没有理会你，继续说："我猜没有小孩的女人总是需要干些什么，好让她们忙活起来。只要有人把养狗说成一件多么了不起的事，我就会很抓狂。"

你开始觉得有点困惑。本来想努力表现得友好些，但现在，你即将卷入一场愚蠢的争论中，这让你感到有些尴尬。别人听到你们的对话会怎么想呢？你顿时觉得很没面子，想到是不是太依恋自己养的金毛猎犬了？你开始低估自己。

你对情感图式出现的迹象已经非常了解。对方的声音会变得情

绪化——音调变高，或者很刺耳，或许很轻但却剑拔弩张。你听到了可怕的威胁和警告。整段话中充满了"总是""绝不"等字眼。你有可能糊里糊涂地被责骂、被贴标签、被警告，还有被评判。慢慢地，一场讨论变成辩论，最后证明你错了。有时情感图示出现的迹象很微妙，你只能注意到自己突然感到内疚、愚蠢，或心跳开始加速，或者胃缩成一团。你如果意识不到是什么造成了这一切，你就会被自我低估所占据。

当一种情感图式被触发，"情感联结"就到此结束。至少在触发的当时是不存在的。你也许永远不会知道，某些情感图式背后隐藏的创伤，所以你不会理性地讨论它们。如果你以后永远见不到这个人，就应该尽可能少说话，找机会逃走，然后冷静下来，重新思考刚刚到底发生了什么。不要低估你自己，也许你可以跟一个朋友聊聊这件事。

如果这个人对你提起的话题不感兴趣，但你还是很喜欢她的话，一定要采取必要的措施来减少对你们友谊的伤害。长期来看，如果你能够应对一个人的情感图式，你们之间的关系会变得更好，那么你应该做些什么呢？

- **不要争吵**。不要被她带偏，继续跟她交谈，但请尽量保持作为旁观者的清醒心态。如果有机会，慢慢换个话题交流。
- **维持"情感联结"**。请牢记你为什么喜欢他，并告诉自己情感图式只是他的一部分，是过去的创伤使他的情绪暂时失控。你可以去了解他的过去,这会让你们的关系变好。在争吵爆发时,只要你意识到你们两人之间还是有共同点的话,就把它表达出来,比如"我们都同意那点"或"我也有过同样的问题"。

- **不要为了友谊而妥协**。有时候对方是想让你坚持自我立场,而不是跟他一起跌进情感图式的黑洞中。尤其当他说"我真蠢,真没用"的时候,不要同意他说的话。你要说"虽然我明白你的意思,但我不能同意你说的话"。

- **不要一言不发**。你的沉默可能会被当作是情感图式带来的后果。他会猜想你是同意还是不同意,恨他还是爱他,又或者是在隐瞒他。你得跟他说些什么以防他想歪了。

- **认真听取并谨慎回应那些使用自我保护手段的人**。任何人都会使用自我保护手段,你也不例外。你要勇于面对内心的恐惧和其他不良情绪,并想办法消除它。"我知道你想怪我——现在看来,我们俩中间必有一个人是错误的。但我们不一定要责怪谁,我们要弄清楚发生了什么,怎样防止它再次发生。"

- **记住羞愧的主要特征**。它是情感图式中隐藏得最深的。对方会感到失控和羞愧,你要尽可能帮助他减少羞愧感。

- **过后再聊**。跟他下次见面再谈。如果下次见面,情感图式还有再次出现的可能,你就有必要把事情放到最后谈。否则当它再次被激发时,你会再一次受到伤害。你可能需要小心翼翼地提起那件事情,以免伤害对方。"我们昨天晚上明明经历了什么,是吧?"

如果你对别人情感图式的来源毫无头绪，可以尝试着慢慢摸索。从长远来看，只有了解情感图式背后的原始创伤，才是减少感情受伤的唯一方法。

乔希正确应对保罗的情感图式

乔希和保罗在同一个公司上班，已经相识两年了。他们对工作和婚姻的看法几乎一致。乔希一直觉得他和保罗的关系很亲密，但突然有一天，他感觉自己撞到了南墙。

乔希：你怎么样啊？

保罗：还好，只是背又开始疼了。

乔希：很抱歉，有什么能帮你做的吗？

保罗：没有。

乔希：要不今天搬东西的活我来干吧，你做做笔头工作怎么样？

保罗：不用了，我没事儿。

乔希：那至少重活让我来干吧。

保罗：我很好，你别说了。

乔希：好好好，我不是有意让你不开心的。

保罗：你没有让我不开心。

乔希：好吧，可是你听起来很生气。我好心帮你，你却不领情。

保罗：好，我不要你帮。你快把我逼疯了，就像我那该死的老妈一样。

乔希感到很受伤。他询问保罗是否需要帮助，但这却引起了保罗内心的某种情感图式——他怕承认自己背疼会被认为很软弱。一开始保罗使用"弱化自我"的策略（我很好，我没生气）。乔希觉得保罗是在敷衍他，好像提出帮忙反而是件错事。他开始跟保罗争吵，这件事到底应该怪谁？保罗说乔希像自己老妈一样。争执过后，他们继续自己的工作，半天也没说一句话，但门倒是被摔了很多次。

乔希因为这件事情受到了伤害，一直耿耿于怀。他内心的自我低估，使他怀疑自己在保罗心中的价值。他不愿这么想，但是他也不愿意老是小心翼翼地对待保罗。所以第二天晚上他边喝啤酒，边又冒险地提起这件事。

乔希（开玩笑地）：嗨，我昨天提出要帮你搬东西之后发生了什么？我们好像都陷入了一个怪圈。

保罗（羞愧地）：是啊。

乔希：我们都不会主动提出要休息，总是告诉自己"不要抱怨了，你能行"。

保罗：确实，这种做法很棒，我为此感到骄傲。

乔希：是啊，就像我们的父亲，他们都是真正的海军战士，是很厉害的人。但他们最后都因为拒绝承认身体出问题而去世。我记得，你父亲是不肯去做前列腺检查才去世的。

保罗：你父亲是因为酗酒过度。

乔希：所以不向别人求助，"什么事都自己承受"，并不是一件好事。

保罗：我知道，但是我最讨厌被别人当作是个无能的人。

乔希：你无能？每次跟你打篮球的时候，我都被打得落花流水。如果下次再看到你背疼，我能暂时帮你干些什么呢？

保罗：我猜我会让你帮我搬搬东西，但只是暂时的。

乔希这次是这么干的：

- 避免争吵。
- 小心对待保罗弱化自我的手段，处理他隐藏的羞愧之心。
- 找到他俩都会同意的一点，这是维持"情感联结"的关键所在。
- 没有直接说出保罗内心的想法。比如乔希没有说"你一定很在意你父亲对你的看法"之类的话。相反，他让保罗自己说了出来。
- 承认他俩有一个共同点：都不想接受别人的帮助。这能进一步减少保罗的羞愧感。
- 谈到了保罗情感图式的创伤源头，推测是它导致保罗有这样的情感图式。

我们注意到乔希并没有很大的野心，他没有打算完全治愈保罗的创伤，甚至没想过要进一步治愈他的心理创伤。他没有让保罗摆脱自己的情感图式。他只是想结束两人之间的"社会比较"关系，让保罗看到自己并没有高高在上，也不会因为保罗背疼或是他过分敏感的性格而评判他。相反，他想让保罗看到，他们之间有很多共同之处，即使保罗需要很长时间才能领悟到他的用心。

最后，乔希询问保罗将来应该如何处理这类情感图式问题，这是一个很好的策略。总的来说，乔希把关注点都放在"情感联结"上，这使得被低估的自我不再被引发。

学以致用

练习"情感联结"

你可能已经开始使用"寻求联结点"（SEEK）和"给予"（GIVE）所教给你的东西来与人相处。下面这些练习能使你有所提高。

1. 练习跟各种人接触——一类是你信任的朋友，另一类是陌生人。记住，一开始跟人接触时需要运用"寻求联结点"（SEEK）技巧：微笑、眼神交流、表现同理心、表示友好。
2. 当你已经建立联系，并有机会深入交流时，要使用"给予"策略：理解对方的情感，深入了解对方的需要，用话语表达出想要帮助他们达成心中所想的愿望，传达同理心。
3. 如果你已经准备好，可以试着练习"接受"生命中不同圈子的人带给你的好意，比如家人和同事这两类人。
4. 想想你尝试跟人接触但却失败，令你非常难过的那些经历。其中有没有对方使用某种或多种自我保护手段的情况？如果没有这种情况，想象一下，如果有的话会是什么样？在你的笔记本上写下你想象中的对话或某个场景的剧本。在这个过程中，你需要保持"情感联结"模式，让别人放下心中的羞愧感，也不要让自己有羞愧感。

现在想想自己的朋友、伴侣，或者是约会过的人（之前认识的也没关系）中，有没有会回避所有亲密关系的那类人？选择其中一个人——他是个开始对你很温暖，后来却又很冷淡，而且会让你低估自己的人。如果你身边没有这样的人，可以想象一个。然后把你可能会跟他说的话以及谈话场景写下来，注意你的对话都要体现出"情感联结"。试图给回避亲密关系的人提供一种安全感，让她慢慢不害怕跟你接触。不要让她觉得自己地位低，只能通过乞求的方式得到别人的爱。

想象一下，你自以为跟某个人关系不错，但在一次对话中，对方突然进入某种情感图式，让你感到很不爽。也许这个人跟你吵得不可开交，你无法维护自己的立场，所以你感到不爽；或者他以为某件事是你做的，但其实并不是，你产生了自我低估的情感。如果回忆不出有这样的场景，你可以想象一个。再次写下对话和相关场景，看看你会如何处理这种情况。但要记住，你要保持在"情感联结"的模式当中，不要被自我低估控制。

第五章

消除障碍——跟
内心的"纯真"对话

想要减少内心的无价值感,最重要的是要把状态从"社会比较"模式切换到"情感联结"模式。我们虽然知道这一点,但却不一定能做得到。有时我们可能觉得自己级别太低,所以害怕做出改变,又或者害怕这种方法行不通。在这一章里,我们将要解决阻碍"情感联结"的一些深层且无法意识到的障碍。

通过观察情感和身体状态、解析梦境、运用导图,或者参加一个叫作"主动想象"(active imagination)的活动,可以将无意识的思考带入到有意识的层面中来。这些任务通常是在心理治疗的过程中完成的。这种活动设立的前提是:不管藏在无意识中的欲望是什么,它都会躲起来。所以想要知道里面到底藏着些什么,你可能需要一些帮助。但是,大部分的无意识是想要与主体交流的。因为我们内心都有一种渴望——想要治愈心理创伤,就像治愈身体上的创伤一样。你要做的是学习无意识的语言,它会通过梦境中各种各样的图像和故事来跟你交流。也许你会觉得这些方法很不寻常,但请相信我,它们非常有效,他人的劝告和建议都达不到这样的效果。通过"主动想象",我们能够了解"纯真",这也是接近并治愈无意识的最重要的方法之一。

曾经遭受创伤的"纯真"

就像我在第三章中所说,大多数经历过创伤的人都会有挫败、无能、被人利用的感受。利用他人的人只在乎自己的利益,甚至会因此伤害别人。我们来到这个世界,期待着跟别人有"情感联结",

也期待着在群体中获得较高的地位。理论上讲，越是亲近的人往往和我们的冲突也越多，就像子女与父母一样。我们生来就准备好要在群体竞争中接受一些失败，也准备好从大人那里获得安全感和他们的保护，尤其当我们还是小孩子的时候。长大后，你会想要得到同伴的支持。但当这些希望落空时，你会受到惊吓，感到失败，也会很羞愧。此时，受到惊吓的不是别人，正是容易相信别人的"纯真"。

在后面的讨论中，我会把"纯真"称作"她"，不论性别或年龄，每个人身上都会有"她"的痕迹。你在几岁遭受到无情的伤害，"她"的年龄就是多大。第一次遭遇创伤的时间通常都在童年时期，但有些人是在成年之后才遇到。有些人可能会说："当我发现妻子出轨的那一瞬间，我失去了纯真。"有时候我们失去那部分的自己，仅仅是因为我们没有做好面对现实世界的准备。世界上的友好和公平不是永远存在的，大自然也不总是温和仁慈的。工作可能转眼间就没了，能保持身体健康的只是少数人，而失去和死亡是每个人都要经历的。突然间，我们被这些难以承受的恐惧和悲伤包围着，这有可能会带来心理创伤。

我在第三章中说过，几乎所有的惊吓和创伤（尤其是由他人引发的），都会让我们有挫败、羞愧和沮丧的感受。但是不管这些创伤是什么时候发生的（童年或是成年时期），也不管自己因此多么难受，我们都必须勇往直前。如果一直深陷其中难以自拔，我们将无法承受这一行为的代价。所以这种悲伤会被我们藏起来，以至于自己和别人都发现不了。我们把那个"受伤悲痛"的自己命名为"纯真"。因为你根本意识不到悲伤，所以你也无法摆脱它。

作为被身体分离出去的一部分，"纯真"是真实存在的。如果想要治好被低估的自我，我们必须承认它的存在。一旦"纯真"认为自己可能受到更多的伤害，她就会羞愧、自责，甚至低估一个人的整体价值，然后还会激活她并不想要的失败反应，好阻止她跟厉害的人竞争。现在，你的目标就是通过运用"主动想象"的方法感受最原始的创伤，不要回避"纯真"，要慢慢跟她沟通，减少她的防御心理。

利用"主动想象"来治愈"纯真"

"主动想象"是由瑞士心理学家卡尔·荣格发明的一种治疗方法，后来由其他人继承发展。他这么做是为了帮助人们了解那些因创伤被分离出来的内心情感，而且让他们知道这些情感已经以某些形式存在着。[1] "主动想象"不是白日做梦，而是一场意识与无意识之间的心灵对话。这个无意识部分就是"纯真"。这听起来有点奇怪，但如果你能把"纯真"当成住在你心里的另外一个人，也许就更好理解了。如果通过"主动想象"，你能越来越了解她，你就可以将她带到有意识的领域中去，这样更有利于问题的处理。我们要做的第一步就是邀请她走出来，听听她想说什么，或者看看她想干什么，并施以援手。一句话总结就是：跟她有所接触。

比如，如果你小时候被其他小孩排挤，而某次你的同事们出去吃饭却没喊你,"纯真"就会快速作出反应,让你认为他们在有意排挤你。在"她"眼中,你就是个毫无价值的人。后来你总是早早地一个人去吃饭,这样就没人能排挤你了,但是也没有人有机会问你要不要一起去吃了。这种"社会比较"的反应是直接由过去的创伤转化而来的,但这种做法并不值得提倡,它只会让你错失与人相处的机会。

"主动想象"本质上就是喊话"纯真",然后等她回应你。这是"两个人"之间的对话,一个是有意识的你,另一个是无意识的你。我们先大致想一下要做些什么,然后再看具体怎么做。开始的时候,你要敞开心扉,很有耐心,就像等待某个人出现在舞台上那样,等待她跟你对话。当她站上舞台,她可能不会先开口。她也许是4岁时骑自行车的你,或是2岁时躲在角落的你,也可能是21岁时陷入爱情的你。不管她说什么做什么,你都要用自己的切身感受回应她。如果她问你有什么感受,你要诚实地回答。如果她想学游泳,你可以说:"学游泳看起来很累,要我帮你吗?"然后想象自己给予她帮助。

接下来要继续等待并且聆听,她可能会说:"每个人都想教我学游泳,但都没教会,你也教不会的,我的头沉不下去。"她会说诸如此类的话,你要做的是守住那个空荡荡的舞台,允许"纯真"随心所欲地说话或者表演。

你如果是抱着治愈创伤的想法开始"主动想象"的话,最终你们都要面对创伤,或者面对创伤带来的感受。如果有个你很珍视的人受到虐待,而且伤得很重,你会怎么做呢?也许你会把她带回家,好好安抚她,聆听她的诉说,最后帮她认清所有这些看似毫无道理而且残酷,但却都有原因的经历。这有点像父母爱护小孩子,它对重建"纯真"内心的安全感非常有用。如果一个人不想感到羞愧、沮丧、整体价值感降低,或者不想体会过度的"社会比较",自身拥有安全感是很重要的一点。即使"纯真"已经成年,她也需要休息,回家跟妈妈待一会儿。她需要被治愈,这样你才能重新回到现实世界,继续生活。

不幸的是,如果父母不知道如何安慰你,不知道如何帮你找回安全感,你就可能很难自然而然地做到这些。但另一方面,我们想要学会这些并不难。即使生命仅剩下十个年头,饱受心理创伤的人也能学会重建安全感和自我价值。对于受害者来说,尤其需要不断通过倾诉的方式理清自己身上发生了什么。在这一过程中,"纯真"需要有人陪伴,让她安心。如果有必要的话,你还可以通过平和地复述创伤经历来治愈"纯真"。

不要用父母的身份面对"她"

坦白说,有时你并不适合来关心"纯真",尤其当你长期陷入自我低估的时候。对你来说,尝试关心"纯真",就好像让一个非常不幸的小孩照顾好自己一样,这个要求太高了。当然,"纯真"也渴望有人帮助她,而且是很多很多的帮助。你可能并不是一个好家长,甚至会对"纯真"发火,因为她一直给你惹麻烦,或者她会让你莫名其妙地生气。比如一位女士在跟纯真的自己谈话时，幻想要踢她、揍她，因为她很懦弱，还惹了许多麻烦。这位女士需要一位治疗师来帮忙，帮她找出想要揍"纯真"的原因，并且解决这个问题。

除了心理治疗师的帮助（关于如何寻找心理治疗师，请查看附录一）之外，你信任的人和这本书也能帮到你。希望你现在已经开始改变，并且相信自己一定能做到。

给"纯真"设立一个目标

首先，我们肯定不想让"纯真"说她自己没用，但首要目标是把她带到有意识的层面中来，让她用自己的立场表达自己。为实现这一点，我们一定要跟她有所交流。记住，"情感联结"不仅意味着我们喜欢她——接受她本身以及她的感受，还意味着我们要对她的一切都感到由衷的好奇，尽可能地满足她的要求。这种无条件的接受比教育她、尝试让她改变思考方式要好得多。我们尽量不要表现出知道她的缺点，因为她最害怕面对自己的缺点。当她感到安全、被人接受之后，治愈的过程自然而然就开始了。

记住，我们要寻找的情感是因为某些特殊原因被分离出去的，所以每当我们发现"纯真"的某些感受时，我们会感到不安或者羞愧。她会说这种不安和羞愧背后的原因是：她觉得没人爱她，或者没人主动赞美她、珍惜她。也许你会发现这些情感是一种缺乏关爱或者太过脆弱的表现，但请不要回避或拒绝它们。如果你这么做了，

"纯真"会再次遭到惩罚。相反，接受她的情感会让她认识到自己的价值，就像家长给予孩子的爱会让他们的生命变得有价值一样。

如何给"纯真"她想要的东西

在用对话的方式帮助她之前，我们需要学会一些帮助小孩和成人走出创伤阴影的方法。我们要把自己想象成一个理性并且非常关心"纯真"的人。记住自己的角色，并跟她保持一定距离。开始"主动想象"之前，你也许并不觉得自己特别理性。但你会惊讶地发现，你非常清楚一个聪明善良的人该如何开导别人。下面有一些特殊技巧，可以帮助你治愈"纯真"。

情绪同步和理解

情绪同步，指的是能够理解另外一个人的感受。跟逻辑推理不一样，"情绪同步"来自负责直觉和情感的右脑，是不受控制并且无意识的。比如我们能敏锐地捕捉到别人的情感，或当别人暗示自己的感受时，我们能立刻明白他为什么生气。

一个好母亲尝试感受婴儿的所有情感，这是人之常情。当孩子微笑或者大笑时，母亲也会笑；如果婴儿哭了，母亲会不开心。但在大多数情况下，母亲并不能够百分之百地了解婴儿的感受。母亲会通过不断的尝试来纠正自己对孩子情绪的认知。比如她认为某种特别的哭声也许说明她的孩子饿了，但如果喂完牛奶，孩子还是哭的话，母亲会尝试改变做法。

如果母亲缺乏对婴儿情绪的感知,婴儿会很难受。有时母亲也会犯系统性的错误。比如母亲不想让小孩变得胆小,所以她无视或者很少在意小孩的恐惧心理。相反,她会多回应孩子一些大胆的表现。这种片面感知不仅仅对婴儿来说是个问题,对我们成人来说也是一样。我们的某些感受可能得不到别人的理解。比如工作时,你或你的"纯真"很厌烦乔,但是你的老板却说:"我知道你想帮乔,让他这个月能有不错的表现,所以你一定很乐意帮他分担一些杂活。"你老板错误理解了你对乔的情感。在接下来的时间里,你要继续跟乔一起工作,并且帮他分担一部分任务。但为了让自己好过一点儿,你可以听听"纯真"是怎么看待乔的。

情绪同步,现在被认为是高情商的一种表现。只有理解一种感受,我们才能真正感受到它。在跟"纯真"进行情绪同步时,我们必须要知道她的感受,然后告诉她这些感受是什么,让她知道我们了解这些情绪。每当发现她有新情绪出现时,我们就需要重新感受。每一种情绪都很重要,尤其要留意那些微妙的情绪变化。当这些情绪被接受之后,她就会有所改变:恨意慢慢变成理解,也有可能是宽恕;承认羞愧是脆弱的表现;恐惧也会消失。尽管我们不会耐心地等待这些改变的出现,或者不能真心接受这些情绪,但它最终还是会往好的方面发展。

在"主动想象"的过程中,如果"纯真"对一件事情的反应没有你预计的那么强烈,比如在她讲述最爱的母亲去世时自己才7岁,还受到后妈的虐待时,你要去感受她当时的感受,问问你自己:"大多数人碰到这种情况，是不是都会很难过？"如果答案是肯定的，想方设法问问她内心隐藏的情感是什么，比如，"我很好奇，你在跟我讲这些时会不会感到很伤心或者很生气？"

听听她会说些什么。如果有必要，你还可以问些问题。但是提问时一定得是发自内心地感到好奇才行，而不是单纯地为了找到某个角度去观察她。如果她的这些感受和抱怨都是有原因的，告诉她你很想知道那些原因是什么。然后认真考虑她所说的那些原因，这会帮助你更加理解自己与她拥有的共同感受。

我们都知道能够被别人理解是件很开心的事，这样能帮助我们更加深刻地了解自己并且获得成长。我们更想信任了解我们的人——这也是你想要的，让"纯真"开始信任你。

探索当时的原因

下一步我们需要挖掘的是，"纯真"现在情绪如此激烈的深层次情感原因有哪些？比如你可以想象这样一个开场白："我能感受到你的伤心，这太令人害怕了。"说这句话能表现出你跟她的感受是同步的。

接下来可以说说你对此事的看法："比起愤怒，其实你更多的是伤心、沮丧。一个人被抢了功劳之后，肯定会感到沮丧。你觉得自己无能为力，被人彻底打败了。实际上你还怀疑，这是不是自己罪有应得，因为你从来不会为自己辩解。"

现在，你需要帮她找到与这件事有关的当时的原因。如果她已经向你透露了伤心的原因，你只需要再重申一次。但有时她没注意到这背后还另有原因，或者根本没想过原因是什么。你可以听她坦露当时她的心理活动：莉莉安总是让我感到害怕，如果指责她抢走我的功劳，她可能会反过来对付我。不仅是莉莉安，可能她所有的朋友都会跟我作对。

探索过去的原因

接下来探索过去的原因，你可以问问她，"你之前有过这种感觉吗？"这个问题很重要，不要以为你自己知道。尽管她是你内在的一部分，但她是有自主意识的。她想要说的事情可能是你不知道的，就像梦能够带给你崭新的思想一样。一旦她把现在的感受跟过去联系起来，她就会需要你的陪伴，直到她感受到过去你们共同拥有的情感为止。

这种情况下，也许她会告诉你一些你还记得但当时并不在意的事情——你画了一幅画，上面是哥伦比亚的三艘船，画得很漂亮，但却被别的小朋友拿走了。而你却因为把画"弄丢"，被老师惩罚。最后你的那幅画被别人交上去，还被贴在布告栏里展览。老师不相信这幅画是你画的，她认为你画不了这么好。你想告诉别人真正画那幅画的人是你，但别人却一脸嘲笑的表情。你想要解释，但老师表示不喜欢撒谎的小朋友。老师打电话给你的父母，他们也不相信你。所以如果你现在说其实莉莉安的功劳都是自己应得的，你会感到非常害怕。

还有一点很重要，我们要鼓励"纯真"去感受并且说出当时那段经历有多可怕。她现在正在讲的是被你分离出去的感受，为了让她继续往下说，你可以说："太可怕了，你肯定非常难过。"一直到她把自己所有的感受都说出来为止。

矫正性"情感联结"

"矫正性'情感联结'"这个词可能听起来很花哨，但其实很容易做到。你只要给予她本来应该得到的抚慰就行。这会告诉她：挫败和羞愧本来是可以避免的。比如，如果她说起某一个害怕的时刻，要告诉她你多希望当时能够出现在她身边，保护她（相比之下，她当时是独自一人面对的）。回到被别人偷了画的那件事情上来，你可以告诉她："我知道那幅画是你画的，我很气愤得到表扬的不是你。我想跑过去跟校长理论，然后开除那个老师。"这些话表明了你对她的关爱，这种"情感联结"会矫正并且逐渐代替以前伤痛的经历，而这种经历是很难和他人分享的。

有时建立矫正性"情感联结"只需要情绪同步、理解和接受。另外，建立矫正性"情感联结"需要我们更积极地想象自己能为她做些什么。也许她的父母去学校找了校长，但没得到任何结果。也许她为父母和自己的行为感到很羞愧。这时你可以试着想象：你如果在现场会有什么不同的做法？不要转移话题，要一直帮助她，直到你能体会她的感受，理解并且帮她找回过去与现在的原因之间的联系为止。不要忽视她现在的感受，比如她依然认为是自己的软弱造成了这一切,她感受不到自我价值——其他小孩都这么说她。相反,我们要接受她的这些感受,还要给出更公正的角度和观点。

所说的话必须发自内心。如果你别有用心,她会很快识破你。如果你的同情只是为了加速改变她的心理状态,她是不会信任你的。

必要时做出反对

这是一场属于你们之间的对话。情感就像天气一样,有好有坏,没有对错之分。但有些情感可能是由判断失误引发的,所以需要每个人认真地思考。你如果不能接受"纯真"的想法,想想自己为什么不能。是她让你感到不舒服了吗?是不是你在给她提供她需要的信息时,她使用了自我保护手段呢?比如责怪他人,但你知道这种做法是不可取的。但她可能会说:"不要再胡思乱想了,把工作辞了,别再上班了。"

既然你知道这不切实际,你可以建议:"因为老板一直认为工作是莉莉安做的,所以你才不敢为自己辩解。但实际上这工作是你干的。你要做的是让大家更加了解你,知道你是一个好员工,不是个没用的人。这样你就不会认为自己干什么都不行,从而低估自己。"

感谢"纯真"

你要感谢"纯真"能够出现在你面前,并且把她心中的想法说出来。告诉她，你从她身上学到了很多。你如果很忙，暂时没有时间跟她交谈的话，下次一定要向她解释清楚原因，并且跟她道歉。

把"纯真"从自己的身体里分离出来是很明智的。如果你继续和她保持交流，她可能会持续不断地向你倾诉她所拥有的一些过时或奇怪的想法。渐渐地，你不再对那些想法感到羞愧了——经过不断的交谈，你会慢慢接受她的想法。只有开始接受她的想法，我们最终才能接纳自己。

温柔地对待"纯真"

她会表现出很多被你分离出去的情感，这是每个人在遇到创伤时一定会做的事情。她可能会自责，所以我们要很温柔地对待她。即使是她教你使用"责怪他人"的自我保护手段，也不要责怪她，因为她也很自责。

尤其注意不要对她说教，也不要给她提一些她做不到的建议，甚至批评、凌辱她，或者伤害她的情感，这些行为会显得你的地位比她高很多。这样只会让她再次受伤，加强她的本能反应，让她感到自己更加无能、羞愧和失败。接受她是我们所有行为的出发点，做任何事都不要偏离这个中心。记住，我们不需要为了接受她而妥协，可以说："尽管我不这么认为，但是我理解你为什么这样想。"这样说能让"纯真"知道，我们不会因为她的想法而攻击她、不爱她或者惩罚她。

"主动想象"时，我们要给"纯真"提供些什么

1. **情绪同步**：让她知道你了解她的感受，而且你不会把自己的感受强加于她。你会说："发生这件事真是太可怕了。"

2. **理解**：让她知道你很理解在那种情况下她为什么会有如此感受。比如你说："当他们那么说你的时候，你的内心被击垮了。"如果她反驳你，让她说下去。

3. **探索当时原因**：试着去想想是什么让她有这样的反应。"你这么难过，是不是因为你太在乎他的想法了？"

4. **探索过去原因**：问问她能想到些什么，试着猜想一下，是什么经历让她现在有如此激烈的反应。你可能说："这跟过去你父亲批评你时的反应一模一样。"

5. **矫正性"情感联结"**："纯真"在过去没能得到身边人的支持，所以你想替她讨回公道，让她知道自己也是会被人重视的。比如你说："我能理解你的感受，但他们让你这么难受，我感到很气愤。因为你不该遭到这么严厉的批评，他们这样做是毫无理由的。"

6. **必要时说出反对意见**：当她搞不清状况，使用自我保护手段，或者出现不合时宜的本能反应，又或者她让你去做一些毫无用处的事情时，你要提出反对意见，但态度要温和。你可以说："我能理解你的感受，但是我不会允许你因为自我低估而自暴自弃。"

> 7. **感谢**：在小细节方面也要体现出你对她的关心，"谢谢你能跟我谈心，这对我很有帮助。"
> 8. **对她要温柔**：你要知道她从头到脚，每个细胞都在说着"我很羞愧"，在你需要纠正她的同时，也要表现出你对她的爱和尊重。

开始"主动想象"的第一步

尽管有些"主动想象"是在无意识的情况下出现的，但提前有所准备的"主动想象"大多都可以成功，我们可以利用以下步骤开始准备的第一步。

- **安排时间**。"主动想象"的次数至少定为一周一次，但是一周三次甚至更多会让我们进步更快。要保证在进行"主动想象"的时间段内没有任何人打扰。

- **灵活应对**。每次"主动想象"的时间没有要求，但如果你是第一次接触"主动想象"，请不要着急，也不要有压力。开始"主动想象"之前，可能需要几分钟的尝试时间。一旦进入对话模式，对话就有可能持续半个小时之久。

- **选择一个安静的场所**。关闭手机。可以放一些物件在身边，这样能帮助你制造一种安全感和神圣感。

- **准备记录对话内容**。如果"主动想象"的内容主要是行为动作，没有对话，我们可以稍后再做记录。但如果有对话，而且不是简短的对答时，我们在做记录时需要更加专心。确保能认出哪个是"纯真"，并且把她和自己区分开来。在电脑上记录的一个简单方法，就是把其中一个人说的话全部加粗，另外一个人说的话稍稍缩小字号。

- 如果在对话过程中你变得很难过，请立即停止对话，寻求专业帮助。在跟无意识交流时，我们有时不能确定接下来会发生些什么，因为有些即将面对的情感已经被自己封存了很长时间。必要时要准备好立刻停止对话，并寻求专业帮助。

第一次"主动想象"

- **身体放松**。内心达到平静、专注的状态。你可以通过冥想、深呼吸或者运用其他方法，让自己静下心来。

- **想象身体的中心部位有个地方空着**。也许这是一个又黑又空的舞台。邀请"纯真"来到这里。

- **通常我们会立刻看到她，或者听到她的声音**。如果没有，询问她有没有什么想说的或想做的。

- **如果有对话，要和她进行真切的交流**。每当你说完之后，你要给她畅所欲言的机会，并根据她所说的给出回应。

- **如果她没有说话，而是在做什么事情，你要试着参与进去，但不要说话，看看她有什么反应**。比如，如果我们看到她躲在桌子底下，那么我们就想象自己在一旁远远地坐着，等她鼓起勇气来找你。只有在情绪同步告诉你她需要帮助的时候，你才能开口。

- **当你开小差时——肯定会有这样的情况——你只需回到最初离开的地方。**有时心不在焉意味着有一个很重要但有点危险的话题出现了，所以不要因为走神就放弃你们俩之间的对话。

- **要学会在适当时机结束对话**，时机可能是出现以下这些情况："纯真"退出谈话舞台或谈话中止，或她开始感到受压迫。你不要因为最后有点瑕疵就小看刚刚的努力，而应该感谢她来了这么长时间，而且她还同意下次继续跟你见面。

崔西亚从贝拉身上学到了什么

崔西亚最近心情很不好，她知道自己有自我低估的习惯，因此决定要见见内心的"纯真"。贝拉是崔西亚的乳名。下面这段话经过剪辑和标注，我们能够清楚地看到崔西亚如何满足贝拉的每一种需求，但实际上这段对话并没有很规整，也不是很有逻辑，所以我们也不需要对记录下来的对话有太高的要求。

崔西亚坐在电脑前，她喜欢以这样的方式开始"主动想象"。因为这是她第一次"主动想象"，她把注意事项放在旁边——这就是她的"小抄"。她闭上双眼，深呼吸使自己放松。她发现自己腹部有个像舞台一样的地方，静悄悄、黑漆漆的。她邀请贝拉来到舞台前方的正中央，说："我不像你那么沮丧，我只是很害怕，非常害怕。"接着，崔西亚开始使用以下技巧。

1. 情绪同步

　　崔西亚：你害怕吗？能告诉我你在害怕什么吗？

　　贝拉：我不喜欢你的这份新工作。在那儿工作我感到很害怕，每时每刻都在害怕。

2. 理解

　　崔西亚：天哪，我很高兴你说出来了，我很理解你。我知道，这对你来说肯定很艰难。你还记得在那里都发生了些什么吗？

　　贝拉：我不喜欢你的老板巴斯先生，他老是让我感到难堪，好像我一无是处似的。

3. 探索当时的原因

　　崔西亚：他老是批评人，你是不是害怕自己因为他的批评而变得越来越糟？

　　贝拉：我感觉自己真的很差劲，什么都做不好。他讨厌我，还觉得我很愚蠢。也许他是对的，我就是个失败者。

4. 出现很强烈的新情感，需要更多的情绪同步

　　崔西亚：这一切都让人很无奈。你感觉自己很糟糕，很愚蠢，是个失败者。整天这么想会使一个人的心情变差。

　　贝拉：他知道我讨厌他，但谁让他先批评我的。现在他只会更

加严厉地批评我。

5. 探索过去的原因

崔西亚：贝拉，巴斯先生有让你想起其他人吗？

贝拉：他让我想起了我爸、我的数学老师，还有我的第一个老板。爸爸以前让我站在椅子上吃饭。他会检查我吃饭时会不会掉米粒。如果我吃饭时老是掉东西，他就吼我。他越吼，我就抖得越厉害，然后又继续掉，接着他就会真的发大火。他说要辅导我写家庭作业，但又说我很笨。我很怕他，就算我考试几乎拿满分，也会被打，然后被关到房间里，就因为没有拿到满分。

6. 矫正性"情感联结"

崔西亚：我希望我能让你父亲知道怎样才是正确对待子女的做法。其实你如果能得到他的表扬，你的学习成绩会更好。还有，我为你感到自豪，即使你那么害怕，你还是在努力地工作。

贝拉：你还为我感到自豪？我从来没听你说过。你看我多差劲，如果继续这样下去，我会失去这份工作。我太傻了。

7. 必要时做出反对

崔西亚：我很理解你难受的心情，但我不能同意你的说法。你并不愚蠢。你之所以这样想，是因为你的父亲、老师、老板都那样对待你，尤其是你父亲，他不知道该怎样对待自己敏感的女儿。你一直都在尽力做到最好，一直都是。

贝拉：我想辞去这份工作，我很讨厌它，也讨厌在那工作的感受。

崔西亚：但我需要这份工作，我想我们需要一起面对这个问题。我们很怕有人像父亲一样对待我们，但总是有一些人会这样做。

贝拉：但你能做什么呢？没有解决办法的。

崔西亚：我可以开始观察那个人是真的讨厌我，还是我多心了。也许我会尝试对他更友好些，没准儿他觉得是我讨厌他呢。

贝拉：我希望你知道自己在干什么。

崔西亚：我会照顾好你的，如果我最后发现他确实像父亲一样，是个非常刻薄的人，我会同意你辞职的。

贝拉：如果你记得我有多么害怕，而且你会认真观察他是不是真的坏人，我想我可以同意你尝试一下。

8. 感谢"纯真"

崔西亚：你对我是那么的重要，我会照顾好你的。我今天从你身上学到了很多东西。

9. 温柔地对待"纯真"

崔西亚：很高兴你的心情变好了，但是你真的没事吗？你在几分钟之前还很沮丧。

贝拉：我猜我还是很讨厌自己。我惹了很多麻烦，是不是？我感觉自己就像一只被吓坏了的小猫，既没自尊，也没自信。

崔西亚：很抱歉你还会这样想。我很爱你，我不想你因此而感到难过，也不想你再因为自己心情没能变好而感到羞愧。你无法控制这一切。你生来就不是那样的人，而且你已经尽全力去改变了。如果你能继续跟我保持沟通，你的心情会慢慢变好，你能答应我吗？

崔西亚和贝拉分别为彼此做了什么

注意崔西亚的表现：

- 一直保持局外人的身份跟贝拉交谈。
- 每当贝拉表达情感时，崔西亚都能产生共鸣。
- 作为矫正性"情感联结"的一部分，崔西亚为贝拉的表现感到自豪，这能帮助贝拉减少内心的羞愧感。崔西亚不仅是口头说说而已，她是真心为贝拉感到自豪。她帮助贝拉回忆起上学时考过的好成绩，喜欢她的老师，以及工作上多次得到的老板和同事的表扬。
- 继续提供"情感联结"，让贝拉看到她本来就应该得到别人的爱护和保护。告诉她自己以后会一直爱护她、守护她。
- 理解贝拉的毫无价值感，但崔西亚不认为她这么想是对的。
- 如果崔西亚能够坚持尝试的话，她能继续做一个理性关心贝拉的人。今天，即使在她觉得自己跟贝拉越来越像，害怕甚至讨厌自己时，她也能够做到继续坚持自己的角色。这样做，崔西亚会了解一些她无法面对的情感，了解当时年轻纯真的自己。

- 处理自我低估的问题时，态度一定要温和，要让贝拉相信这一切是有可能改变的。

通过跟贝拉的接触，崔西亚回忆起某些被分离出去的感受、记忆和过去采取的防御措施。她不仅更能意识到这些东西，还改变了对它们的看法。通过矫正性"情感联结"，贝拉得到了之前没能得到的关心。崔西亚是如何做到这一点的？她扮演了一个理智的角色，十分关心贝拉——实际上是她自身的一部分在帮助另外一部分。

谈到最后，崔西亚能对现在的工作状况看得更清楚。她觉得自己有点错怪老板了，这位巴斯先生总是过度忙于工作，像自己的父亲一样。而且现在公司正步入重组阶段，巴斯先生也担心自己地位不保。

崔西亚打算跟老板交流一下。当她使用"给予"方法（结合第131页"给予能增进'情感联结'"）时，老板开心得像个小孩子。她意识到老板在面对职业生涯的问题时，十分愿意接受别人对他表达同理心。他不仅会向崔西亚寻求情感支持，而且越来越注意到崔西亚也需要别人的支持和帮助。崔西亚的沮丧情绪得到了缓和，她知道自己的工作很稳定，而且慢慢变得期待去公司上班。最重要的是，她自我低估的情况减少了很多。

如果你抵触"主动想象"

当我们治愈创伤时，至少一星期要进行一次"主动想象"。如果你自我低估的情况很严重,治疗的次数还要增加,因为全新的思考模式很难在短时间内形成。但有时候我们不愿意"主动想象",其中一个理由是它会让我们感到很沮丧。其实"主动想象"很简单,出乎你的意料,你会发现"纯真"仿佛一直在等待你找她谈心。有时候我们需要很有耐心,这时梦境可能会有所帮助。

克林特安静地坐在电脑桌前,双目紧闭,等待"纯真"的到来,却没有等到任何回音。然后他回忆起几天前做的一个梦。一个童子军被其他几个大男孩呼来唤去,之后大哭起来,接着他就飞走了,其他男孩都一脸诧异。克林特决定把这个小男孩当成纯真的自己,跟他展开"主动想象"的对话。他们之间的关系就这样开始了。

如果我们想要治好自我低估的毛病,关注梦境会有很大帮助。因为在梦中我们会触碰到大脑平时屏蔽的一部分信息,比如从前经历过的创伤。在晚上,人的脑波都会变得活跃起来,像在扫描那些需要关注的点。梦境中的倒霉鬼往往就是"纯真"本人。

在一个梦境结束之后立刻开始"主动想象"会对你非常有帮助,仿佛梦还在继续。克林特开始"主动想象",想象自己飞到童子军身边跟他交流,骗他同意回到那些欺负他的大孩子当中去。然后想象他把那些大男孩都赶走。这时小童子军脸上洋溢出自豪的表情,因为克林特帮他出头了。

即使"主动想象"进行得很顺利,你也可能会遇到一些抵抗情绪。从小男孩身上,克林特清楚地看到自己是怎样因为害怕被欺负,而逃离"飞走"的。克林特开始跟小男孩有更多的情感交流。之后一段时间，他忘记了跟小男孩交流这件事。后来他又梦到一个小男孩被绑架，嘴被人用东西塞住，还被绑了起来。克林特接受了这个梦给自己的暗示，继续进行"主动想象"。

在进行"主动想象"时有抵触情绪是正常的，大脑阻止你回忆起悲伤的往事，是为了帮助你不被痛苦的感受压垮。谁都不想回忆起过去的创伤，但你如果想要完全治愈它，就必须回忆起来。

当无法集中精神进行"主动想象"时，只需要一次又一次地把思绪拉回来即可。如果你老是忘记进行"主动想象"，可以在日记本上写下具体日期。抵触情绪会阻止你跟"纯真"的联系，如果"纯真"没有出现，我们可以尝试下面几个方法：

- 想象自己处于某个特定年龄，那时的自己特别脆弱，烦恼不断。
- 回看第三章中童年时期的创伤列表，在里面挑一个场景，想象"纯真"就在其中，可能就是那次创伤让你拒绝相信任何人。这一方法可能会引导"纯真"说出她的感受。
- 想象"纯真"不跟你对话是有原因的。她是不是害怕、生气或者感到无助了？
- 如果你的大脑还是一片空白，不要着急。在之后的第六章，我会帮你更好地理解可能发生的情况。

尽管有人非常努力地进行"主动想象"，但他们难免会有抵触情绪。如果你也碰到这种情况，不要放弃。最重要的是，不要认为这是一种失败，因为每个人都会受到抵触情绪的干扰。

考虑外在的身体因素

"纯真"的外貌以及她的行为对我们的判断很重要。比如我们看到的可能是她9岁时的模样，我们就会意识到，那是因为父母在她9岁那年分开了几个月的时间。由于以前担心自己在学校表现不好，所以现在我们担心自己工作也做不好。还有，如果"纯真"在身体特征上有任何异常，比如她是位短腿的年轻女性，或者是个长青春痘的青少年，你可能会想这些在暗示什么呢？除了跟"纯真"对话以外，我们还可以想象自己带她一起做些什么事情。如果她哭了，你就抱抱她。她可能会出现在一个空地上，或者在一个舞会上跳舞，或者躺在一个昏暗的房间里抚摸着小狗，或者是在给很多人做演讲，或者骑着马穿过荒野，又或者手里抱着个婴儿，你可以问问自己是不是能够帮助她做些什么。

陪伴也是一种交流的方式。情感由身体发出，它可能停留在身体里，变成身体记忆储存起来。一个小孩可能在会说话之前就经历过一些重要的"情感联结"和"社会比较"事件。在童年或成年时期受到创伤时，你可能意识不到自己的身体反应。但这些反应可能会带来某些身体症状。比如，你一见到医生就会头疼；听到某首歌，你会莫名其妙地流泪。你在梦里可能会飞，或者没有牙齿，这些都不是文字信息能表达的，但它们却跟文字信息一样真实。当你在跟"纯真"对话时，你可能会受到很大的触动。比如当她告诉你，她被最好的朋友拒绝时,你会开始发抖,这一身体反应告诉你,这段记忆对你的影响有多大。每个人都要认真对待自己的身体反应,因为这可能是你了解过去经历的唯一途径。

比如克林特梦到小男孩飞走,表明他自己小时候的心理感受:他太害怕了,所以想要飞离这里,逃离自己的身体,不想面对痛苦的自己。当克林特跟小男孩谈到那些时刻时,他觉得自己身体缩紧,像拳头似的攥成一团。小男孩在帮助克林特重新回忆起被欺负的经历时,也让他想起了当时的感受。

"纯真"以及六种自我保护手段

大多数时候,"纯真"只能体会到她自己的感受——你分离出去的情感,尤其是无用感和羞耻感这两种。但有时她也会使用自我保护手段,把自己牢牢地保护起来。通过观察她,你会发现自己也有自我保护的情况,但是之前并没有留意过。如果我们将"纯真"赶走,我们就无法意识到自己用了哪些自我保护手段。比如贝拉刚开始是感到羞愧,后来变成责怪巴斯先生:"都是他的错,是他先批评我的。"从这里崔西亚可以看出,是贝拉过分责怪了巴斯先生,因为有些事并不是巴斯先生的错。

崔西亚还发现贝拉很容易激起她自身的"弱化自我"和"不竞争"手段。崔西亚以为当她对巴斯先生说"别担心,我没关系的"或"我不在乎他想些什么"时,这是一种友好的表现。但是当她知道贝拉害怕被人批评,或者害怕别人生气时,她才知道纯真的自己一直都在逃避失败带来的愧疚感。她不会提任何要求，如果遭遇不公也不会反抗。

"不竞争"手段对"纯真"来说，是个很好的自我保护方法。因为她想通过假装"社会比较"不存在而让世界恢复成自己以前所认知的那样——没有人会滥用自己的权力。而我们可以告诉她，"社会比较"的存在是正常的，我们都不能逃避这一点。实际上，她有时会享受当第一名的感受。这作为矫正性"情感联结"的一部分，给予她本来所需要的东西——意识到自己的潜力，并让这些潜力发挥出来，还要让她知道自己应该享有的权利。

"纯真"喜欢利用的另一种自我保护手段是"超越自我"。她觉得自己地位很低，什么都做不好，觉得别人也这么看她。她想要变得更完美，但是我们要告诉她：不管她做了什么，我们看中的是她这个人。另外，我们还可以鼓励她承认自己的努力。在她抱怨的时候，我们要多多表扬她，让她抒发自己内心的不满。当你超负荷工作时，她会坚持要你出去玩玩，帮你找到生活中的平衡。

"纯真"很少"责备他人"，但如果她这样做了，我们一定要仔细考虑她责怪别人的理由是否正当。她可能会说一些我们之前没有注意到的事实。我们可以这样回复她："我知道你对萨莉很不满，但我打赌你更怪自己。"

"纯真"也很少"自我膨胀"，但为了避免再次受伤，她可能会拒绝别人的帮助。或许她会表现得特别友好，但这么做其实是为了减少无力感和羞愧感。我们不仅要留意她的无价值感，还要关注她拒绝被爱、被别人接受的情感。如果她因为弱小或贫穷而感到羞愧，你要跟她解释这些感受是可以理解的，任何人遇到这种情况都是一样。还要告诉她你很欣赏她承认缺点的勇气。

就像我在第二章里说到的，一个人很难发现自己在使用"投射"这种自我保护手段。但如果"纯真"使用了这种手段，我们会比较容易发现。我们会发现自己讨厌别人的理由十分荒谬。也许某次"主动想象"会让你想起，"纯真"被其他小孩打败时惭愧的表情，以及羞愧地拿着玩具跑开的场景。在那次"主动想象"中，你能听到她在说气话，"我不会跟你一起玩的——你贪心又霸道。"这样的指责是不是意味着"纯真"最近变得贪心和霸道了？害怕失败和羞辱的我们可能都会这么做。你知道她把自己身上的缺点投射在别人身上，如果她讨厌别人的某些缺点，那可能是她自己身上存在这些毛病。不管缺点是什么，我们都想帮助她接受自己的缺点，而不要因此感到羞愧。你可以说："人人都会有贪心的时候。"或者说，"你的朋友很霸道，有时你也这样，但这有那么糟糕吗？"你如果能联系起过去的记忆，这会非常有用。想想过去有谁批评这样做很糟糕，或者谁的要求很高，导致"纯真"拒绝承认自己身上有任何缺点，不想让别人批评自己。

为了帮助"纯真"（也就是你自己），我们要停止使用自我保护手段，了解那些躲在无价值感背后的情感是什么。只有我们接受了这种情感，她才不再感到羞愧。如果她在你面前不再羞愧，她就可以尝试放下自我保护的武装，至少在你们俩交谈的时候是这样。比如在谈话一开始，贝拉自我感觉很不好，她会责怪巴斯先生。但当她羞愧感减少时，自我保护行为也就随之减少了。

回顾某次"主动想象"的经过

"主动想象"完成之后，有一点很重要：就是把她的话放在心上，仔细思考并且计划之后该怎么做，如果我们忘记了她的话，这有可能是自我保护手段在作祟。自我保护觉得这会引发二次创伤，所以它不想让我们有任何的改变。

有可能在某次"主动想象"之后，你变得更加心烦意乱，原因是你可能对"纯真"了解得更多了。这种感受可能是情感分离带来的后果，但如果这种感受一直存在，请考虑咨询懂得"主动想象"的治疗师，并寻求帮助。

我们也可能仅仅对谈话这种方法感到不满意，认为"这就是浪费时间"，或者"这一切都是编造出来的"。这表明你潜意识里有抵触情绪，不想让过去被分离出去的感受变成能意识到的感受——这或许会再次把你压垮。但是"主动想象"并不是在做无用功。对话确实是由我们自己想象出来的，这就像我们编织了自己的梦一样。没人能知道我们自己想象或梦到的东西是什么，即使"编造"的东西也能揭示一个人的内心世界。

我们要学会独自处理这些抵触情绪，但知道内心真实的想法会帮助我们过滤掉这些负面情绪。

学以致用

加深你和"纯真"的关系

想象在某个自我低估的场景下,你邀请"纯真"来谈谈过去的经历。按照本章所讲的步骤一步一步来。如果她有话想说,先听她怎么说,她需要什么你就给什么。如果她需要你的安慰,一定要满足她的需要,即使她是以一个成年人的形象出现的。

在接下来的七天里,你每天都要关心"纯真"的情况,但不需要每次都进行一次完整的"主动想象"。你如果感到压抑或沮丧,一定要跟她谈一谈。这通常是因为你出现了自我低估的情况,看看她的状态怎么样,也许你会大吃一惊。记住她是你身体里无意识的一部分,可能她有的观点会跟你不一样,但也许你会发现,她能很快解释清楚一些让你感到无厘头并且很神秘的感受。

第六章

与内心的"批评者"和
"保护者－迫害者"
共处

我们每个人心中都有一个"批评者",也会有"保护者—迫害者"。批评者主要是评论你的长相、表现、整体幸福程度等。我用"他"来称呼"批评者"。他很注重"社会比较"。批评者的声音会强化自我低估的心态。经过了300万年的演变,这种批评心理已经内化成一种本能。他的一项重要功能就是帮助你在群体中获得较好的地位。

然而"保护者—迫害者"不想你往任何好的方向发展。如果你在很小的时候受过伤,或者受到连续性的打击,"保护者—迫害者"会把你保护起来,哪儿都不准你去。它这么做的目的是保护你,但采取的方式却是让你远离生活和生活带来的伤害。必要的时候,它会采取迫害手段,它认为那样你就永远不会受到伤害了。

重新训练你内心的"批评者"

人们内心的"批评者"从童年时期就开始发展。作为小孩子的你,在各方面都比大人差一截。"批评者"也跟你一样,但这并不妨碍他缠着你、逼你进步,好让你变得跟大人一样。他会监视你,不让你破坏成年人的规矩。但他很可能跟不上你的成长速度,对于已经成年的你来说,你需要更多的自主权,而他却太过于保守了。

一定要让"批评者"接受你现在的地位,并对你不再那么严厉。不要再让他辱骂你或者很老套地说:"你很没用,开始改变自己吧。你得更努力才行,你这个蠢货。"

确认"批评者"的声音

使用下列列表可以帮你确认,你内心的"批评者"对你有无帮助。如果下面有他可能会说的话,请在前边打勾。

- 你工作方面有瑕疵。
- 你的行为举止不够得体。
- 当心点,你老是犯错。
- 你如果做了刚刚想做的那件事,别人会认为你很蠢。
- 你今天穿得不够好。
- 你的小孩(伴侣、朋友)没表现好,都怪你。
- 你对人不够友好大方。
- 你如果不多给家里打电话,他们不会原谅你,也不会爱你。
- 你如果那样做了,有人会不高兴。
- 你应该比现在更努力才对。
- 你非常懒。
- 你不够聪明,干不了这件事。
- 你总是半途而废。

如果内心的"批评者"对你说过这些或者类似的话,那么他就不是个合格的指导者。勾打得越多表明你内心的"批评者"对你的妨碍越大。

教"批评者"跟你对话

一旦你意识到自己内心那个"批评者"的声音,你就可以开始与他交谈,就像跟"纯真"对话一样(可以回顾第五章里交谈的步骤,知道怎样进行"主动想象")。在这里,我们的目的不是要找回潜意识里的想法,而是要尝试扭转一些自己能意识到的想法。我们知道"批评者"是好心,但这并不是我们保护自己的最佳办法。想要扭转意识,我们可以想想自己对一个好教练的要求是什么——他得为我们着想,而不是成为一个施暴者。

- 要用第一人称"我"开始对话:"你如果那首歌唱不好,我怕你会失望,我不想让你难过。"

  而不要说:"你今晚肯定唱不好。"

- 要给出具体建议:"你如果能多练几遍,我觉得你会唱得更好。"

  而不是说:"你总是唱得那么难听,你可能永远都唱不好。"

- 不要说空话、贴标签,也不要辱骂:"你唱得像个业余歌手,你太神经质了——越唱越差。"

- 精准定位自己的水平:"你比大多数歌手唱得都要好,但是你不像弗兰克是个专业歌手(这没关系,因为你没有他那种嗓子,练习的时间也没他久)。"

- 每次批评都要说出四个优点:"你的第一首和第三首歌唱得非常好,声音质感也好,有些歌词写得也不错。我很喜欢你的新型音乐风格，只是我在听到第二首歌的时候，觉得有点不对劲儿。"

迈拉的"批评者"

迈拉正在学习如何制作收集数据的模板。但她的"批评者"老是让她分心。一开始她并没有意识到发生了什么，还是跟往常一样工作。但她越来越觉得不对劲儿，越来越没自信。她猜想是内心的"批评者"对她的工作表现感到不满，于是她停下工作，开始了以下这段对话。

迈拉：又是你，老是说我什么都干不成。

批评者：很明显，你干不了这件事啊！你已经忙了好几个小时了，你年龄大了不适合学这种新鲜玩意儿。反正你也不是做这个的料，他们会理解的。就像你在业绩审查中说的那样，你永远也追不上时代潮流。

迈拉：等一会儿，你说这些对我没有任何帮助，你为什么如此烦心？请你以第一人称开头的句子回答我。

批评者：你又来了，好吧。每当你这样连续工作好几个小时又毫无头绪时，我就会很害怕。

迈拉：你是在为我感到害怕，你认为我这么做太冒险了。我很感激你想帮我，但事实是，它对我来说，虽然是个挑战，但并不意味着没有成功的希望。难道你看不到我有些地方做得很好吗？

批评者：好吧，你已经学会了一些东西，而且还在坚持不懈地学。你没有夸大你明天可能完成的工作量。至少你有自信能够做好，尽管实际情况可能并不像你想的那样。

迈拉：很好。谈话时间快到了，你能告诉我我应该怎么做吗？请给我一些具体的建议（给他些时间，让他好好想一想）。

批评者：你为什么不给求助中心打电话？

迈拉：好的，我现在有一个方案了，谢谢你帮了我的忙。

注意迈拉在尽可能地跟内心的"批评者"进行交流，感谢他、理解他的感受。但迈拉自己的立场也很坚定，很清楚自己的主人身份。

如果"批评者"不愿转变，我们该怎么办？

如果"批评者"没有改变的迹象，也不要气馁。这通常需要多次对话才能奏效。坚持下去，每当他出现的时候，你都要及时纠正他的想法。可能你还需要了解他的过去，问问他："你从什么时候开始变得这么担心我？"听听他的声音，看像谁的——妈妈、爸爸、二年级的小学老师、第一位老板，还是前男友？如果他真的很担心你，告诉他你能理解他，但同时坚定自己的想法——想要他与时俱进。

迈拉跟内心的"批评者"有良好的互动，但这并不是在一夜之间形成的。一开始她需要确认"批评者"的声音，了解他特别担心自己哪方面犯错——他总是关注这方面，以至于迈拉很担心自己会出错，继而怀疑自己的能力和智商。一开始，当迈拉想要跟他对话时，他批评她这么做："你尝试了所有自我救助的花招。这很愚蠢。

也许对话这一招对其他人管用，对你却说不准。"早些时候，迈拉被迫跟他进行了下列对话。

迈拉：我受够你了，滚开，你在毁掉我的人生。

批评者：你自己能做到这样已经很不错了。

迈拉：你为什么要批评我，让我怀疑自己，就像你刚刚那样？

批评者：我只是想帮你而已。

迈拉：可是你并没有帮到我。

批评者：实际上我很担心你。

迈拉：担心我？你从什么时候开始担心我的？

批评者：我想是因为你妈妈老是这样担心你，担心你能不能融入这个社会，能不能自给自足。慢慢地，她开始什么都担心起来。

迈拉：所以你是因为妈妈担心我才会这样的。她是担心我，但同时也会给我信心。

批评者：她知道什么？你是家里最后一个读书的小孩。你数学不好，也没能考进理想的大学。

迈拉：所以你决定把我打垮，而不是助我成长，是吗？你可以具体讲讲我做得怎么样吗？

批评者：好吧，但我需要你说具体点。

迈拉：好。你如果能具体评价我的所作所为，那将对我更有帮助。我很感激你想帮我，非常感激。但你能支持我吗？你会成为一个非常棒的指导者的。

批评者：你认为我可以吗？

迈拉做到了以下几点：

- 开始时用愤怒来引起"批评者"的注意。
- 以理服人，这点"批评者"很欣赏。
- 跟过去相联系——因为母亲的担心。
- 最后以感激和表扬结束这段对话。

认识"保护者–迫害者"

在上一个例子中，迈拉的"批评者"对她的坚定立场以及想要交谈的想法作出了回应，但如果他没有回应呢？如果迈拉的"批评者"一直占据上风，不停地嘲笑她，让她更加怀疑人生呢？在这种情况下，她就不应该去找"批评者"交谈了，而应该去找"保护者—迫害者"解决问题。你可能从来没听说过"保护者—迫害者"这个说法，但它一旦被启动，便能使你身陷自我低估的图圄，无法自拔。

在学过第三章的内容之后，你应该知道过去的创伤、偏见、高度敏感，以及对他人的不安全依恋关系所带来的附加影响有哪些。这些都有可能引起一种特别的防御系统，我们称之为"保护者—迫害者"。它会把你放到一个让人幻想或沉迷的世界里。你要是想逃脱，它就会一直困扰你，直到你放弃。所以"保护者—迫害者"有它的两面性，但其目的却是统一的。它是一种隐藏很深且很原始的防御。一些临床心理学专家现在仍相信：最好的心理学家对"保护者—迫害者"都束手无策。就算经过多年的治疗，有些病人还是会因为"保护者—迫害者"不能摆脱自我低估的想法。[1] 这是有关消除创伤影响的最新认识。

每个人都有一个内在"批评者"，但不是每个人都有"保护者—迫害者"。前者的目的是让你把事情做得更好，后者的目的却相反。"批评者"会给你提供良好的建议，但"保护者—迫害者"却不会。你可以跟"批评者"进行对话，但请不要尝试跟"保护者—迫害者"对话，直到你看到他做出了某些改变为止。受到再教育的"批评者"能帮助你真正停止自我低估，教导你看清楚自己的价值、地位，不再认为"社会比较"无处不在，并且能够更有效地跟别人发展"情感联结"。而"保护者—迫害者"不想让我们冒险，它需要我们贬低自己并且鼓励我们这么做。有自我低估作为挡箭牌，我们便会怀疑自己能否做到那些"保护者—迫害者"认为是危险的事情。

由于"保护者—迫害者"的指令产生于无意识，所以你只能通过间接的方式了解它们。为了帮你确认你身上是否存在"保护者—迫害者"，你可以问问自己，是否会做以下这些事：

- 一直感到害羞，老是觉得自己会被别人拒绝。
- 发现自己反复处于虐待关系或虐待性的工作环境中。
- 感觉没有努力的必要。

- 因为忘记、迟到、自残，或者突然病倒等原因，失去某些重要机会。
- 尽管你已经有足够多的休息时间，但还是觉得做什么事都很累。
- 老是重复做一种噩梦，这比创伤重现的危害要大得多。
- 开始为了一个目标而努力，但努力一段时间之后感到非常糟糕，夜里还会做很多可怕的噩梦。
- 总是花很长时间幻想。
- 对某样东西上瘾或者有强迫心理，很难进入一个正常的社交状态。
- 缺少本来应该有的感受。

你如果遭受过很严重的创伤，加上童年时期又没有安全依恋关系，还经常受到歧视，那么你内心的防御系统很可能已经开始工作了。若你同时还是个很敏感的人，则创伤对你造成的伤害会更大，这时很有可能会出现"保护者—迫害者"。[2]

本能的解决方法

"保护者—迫害者"和受到严重伤害的"纯真"是紧密联系的。前者来自深层的潜意识，而后者则是受到了很大的惊吓和打击，以至于常见的自我保护手段都无法奏效——小孩子年纪太小不会使用这些手段来保护自己，而大人对这种创伤已经麻木了。在严重创伤的情况下，你看不见希望，也无法召唤其中任何一种手段来抵御你的无力感。相反你会跌进无尽的黑暗之中，你的自我认知慢慢被它撕成碎片，然后被彻底吞噬。

如果有人及时帮你阻止了极端伤害的发生，这个深渊的口子就会被再次合上。文字无法形容里面是个什么样的世界，因为你的经历从来没有被整理成可理解的语言记忆。我们高估了自己的大脑。即使创伤被记起，也是由一块块各自分开的碎片组成的——有些事被封存起来了；有些虽然能记得，但却没有任何相关的情感记忆。它这么做是为了让你不再过度伤心。在你不知道的情况下，"保护者—迫害者"的防御系统已经被激发出来，占领你的大脑，防止类似的创伤事件再次发生。

保护者

保护者就像守护天使，它吐丝成茧，编织出一个美丽的天堂，让你不再需要面对现实。我们都见过这样的保护者：不开心的小孩，整天活在书、电脑或者想象的世界中；成年人则躲在房间里写伟大的美国故事，或是在篮球场上打球，期待能被星探挖掘。别人都觉得这个人很疯狂、太过自恋，而且不切实际——因为他写的书永远不会出版，业余篮球选手也不会变成职业篮球运动员。当一个人无穷无尽地幻想某个名人，不断将他理想化而又得不到任何回馈时，他身上就有保护者的存在。这个爱慕者可能从没见过他心目中的爱人，但这正是保护者想要的，它并不想让这个人开展一段真正的关系。

保护者可能引诱你沉迷某样东西，就像一个魔鬼恋人一样。它会说："你想开心吗？来，让我们点一杯超级好吃的冰淇淋（或者伏特加），然后度过一个美妙的夜晚。"我不止一次地见过女人在摆脱糟糕的男朋友后，为了约会去做心理治疗时，变得越来越胖。保护者就是要把她牢牢抓在手里。

丰富的创造力或期待跟保护性幻想之间的区别是：幻想让你脱离现实世界，而不是将你引向现实世界。保护者虚构出来的世界可以无限延伸，但是你只能待在里面，哪儿都去不了，别人也进不去。它认为这样才能拒绝创伤，将不利的东西排除在外。

迫害者

你如果想逃离幻想的避难所，迫害者就会出现。你意识到有些不对劲儿，因为你发现你的计划无法实施。你察觉到自己有很严重的拖延症，戒酒无望，也无法逃离一段痛苦的关系。现在你的避难所变成了你的监狱，你讨厌你自己。迫害者会扼杀希望、消磨意志、摧毁内心价值。只要有什么能够鼓励"纯真"，使其不怕受伤再次走出去，都会被"迫害者"扼杀掉。你如果向前跨出一步，它就会奋起攻击，让你丧失兴趣、能量、自信和勇气。不管内在"批评者"做出什么努力，"迫害者"都会竭尽全力阻止你改变。

比如你交了一个很好的新朋友。她答应帮你办件事情，但后来她却忘了，你因此损失惨重，感到很伤心。为了维护这段友谊，你必须说些什么，但你又很怕和她提起这件事。你心里有个声音告诉你应该这么做。这可能是"批评者"在跟你说话——"不说就是懦夫"，但你就是不说——因为你说不出口。

你如果还想和你的朋友提起这件事，"迫害者"可能会跟你说：

"时机不合适。"你如果仍然坚持，它会说："这件事真没什么大不了的。"所以即使当你的朋友问你是否介意她忘记帮你办事时，你也只会听到自己的内心说："没关系，我不在意。"很快你就会厌倦这份友情，无法维系。

或许你信誓旦旦地想要谈一场恋爱。但是面对邀约你却常常回应："今晚我不确定，我有好多工作要做。"或者是见了几次面后，你就确定他不是你想要的人。这种情况反反复复，"迫害者"每次都让你无功而返。

自相矛盾的是，"迫害者"会继续维持一种虐待关系，不管是在爱情里，还是在工作上。"迫害者"会以最可怕的方式重现过去的虐待场景。有人说我们是因为重复犯错才会身处虐待关系之中，实际原因是，"保护者—迫害者"认为你待在已知的危险中比较安全，它宁可启动你的"自我低估"来避免你再次逃离，也不愿让你冒险尝试新的解决方法。它认为尝试新的东西会重燃希望，但如果之后损失惨重，甚至遭受背叛，后果只会比原来更糟糕。上次的失败已经让你不堪一击，所以这种事绝不能再次发生。

"迫害者"有可能让你感到万分沮丧，甚至出现自残行为。在极端案例中，"迫害者"甚至认为自杀是一种"解脱"。它似乎认为死亡要比多次受伤好——很多自杀者在遗言中会提到这一点。有些病人此前不知道自己有自杀倾向，在接受"主动想象"的过程中才听到"迫害者"的声音。他们会突然听到心里有声音说"你最好去死"，或者"你太没用了，自杀吧"。

对"情感联结"的打击

不管"保护者—迫害者"是以保护者或迫害者这种单一的形象出现,还是作为一个整体一起出现,它都想要破坏你的关系,包括外在与朋友的关系或者内在与自己的关系。这些关系会使你脱离它的控制,这是它不想看到的。现在,你能明白为什么每次当你尝试跟"纯真"交谈时,总有股神秘的抵抗力出现了吧?

跟创伤有关的情感、记忆、当时的想法、行为以及身体状态都可能与你分离。记忆可能被压抑,与你的意识分离,或者你的情感跟当时的记忆或事件分离。你可能会感到麻木、缺乏情感,或者意识到自己一些莫名其妙的情感。你的身体感受可能与记忆分离了,所以即使你记得发生了什么事,却也忘记了当时的反应。当身体和大脑不再同步的时候,身体的需求就很可能被忽略。或者说,身体感受跟行为不同步时,你会一整天都过得浑浑噩噩,有种不真实的感觉。

情感分离同样也会影响你的行为举止。不受情感支配的行为是毫无意义的,甚至是自我毁灭的。你可能会患上与压力相关的疾病,因为被抑制的记忆、感受与想法会想办法表现在身体上。比如你会重复做噩梦,但似乎又跟现实生活中发生的事情毫无联系。

对外部联系而言,"保护者—迫害者"会让你把每一次"情感联结"都看成"社会比较"。通常你都处于下风,尽管它也有可能让你感到高人一等——"他配不上我",目的是让你远离真实的、亲密的、长久的关系。"保护者—迫害者"也许会允许爱慕你的人有限度地接近你,但你知道自己并不是真心想跟他交往,这么做只是权宜之计。

有这样一位男性他被很强的"保护者—迫害者"控制。他告诉我,他跟任何人待在一起都觉得不舒服。尽管那些人对他很好,但他还是担心这样的关系会使他失去很多东西。对待那些给他温暖、尊敬他的人,他总是表现得轻描淡写,经常"忘记"给他们回电话。直到他们最后都离开他,只剩下他一个孤家寡人。他认为朋友中总有人控制他、背叛他,或是老板不提拔他。他被巫师困在一个"安全"的巢穴中。

长发公主和她的"保护者—迫害者"

长发公主的童话故事讲的就是"纯真"与"保护者—迫害者"之间的故事。在这个故事里,巫婆为了"保护"自己的女儿长发公主,不让外界的邪恶力量侵犯她,打算把她永远镇在塔里。但长发公主透过窗户看到了外面的世界。长大后她遇见了一位王子,长发公主用她从没剪过的长发(代表她自然的成长以及天赋),帮助王子爬上了这座塔。公主的头发成为她跟外界联系的纽带。

但是巫婆发现了长发公主的计划,她立刻变成"迫害者",剪掉了公主的长发——象征着剪断公主与外界的联系,并且把她扔到沙漠里。公主在沙漠中生了一对双胞胎。然后巫婆利用长发公主的头发,最后一次引诱王子上塔。当王子发现那头连着的是巫婆时,他的心碎了，从塔上纵身一跃，双眼被地上的荆棘刺瞎。

经过多年辗转，终于有一天，王子在荒野中听到了一个人的抽泣声，那个人正是公主。最后他们终于走到一起。公主的眼泪治好了王子的双眼，他们俩幸福快乐地生活在一起。这个童话故事用象征的手法告诉我们，尽管巫婆做了很多坏事——拆散了这对年轻男女，剪掉了公主的头发，让王子与孩子天各一方，弄瞎王子的眼睛，但最终，"情感联结"还是胜出了。

库尔特的"保护者—迫害者"

库尔特是一个非常成功的电脑安全专家。他今年31岁，从外表看，他十分合群，也非常受欢迎。但是他的内心有不同于外表的故事。他的父母在他还是婴儿的时候就离婚了。他的父亲是一个股票交易员，嗜赌成性，把房子、车子，还有老婆的陪嫁都给输光了。他的母亲无法阻止这一切，离婚后回到嗜酒如命的外祖父母身边。外祖母的积蓄很丰厚，而且能帮忙抚养库尔特。

库尔特的外祖父是一名退伍的海军战士，热衷于掌控库尔特的一切。外祖父主张惩罚教育，所以库尔特经常遭到战俘待遇（外祖父参加过越南战争）。外祖父想让库尔特变得更加坚强，不要像他父亲一样游手好闲。所以库尔特被关过小黑屋，没饭吃也没水喝，也有过夜黑人静独自回家的经历。除此之外，他还要学会如何生活在外祖父的阴影之下。所以库尔特老是躲在自己的房间里，与电脑为伴。后来他发现有大麻这种东西之后，就开始吸食大麻。这时，"保护者"已经完全掌控了库尔特的大脑。

15岁时，库尔特得到外祖父的同意，离开了家。祖父认为"离家闯荡会让他变得更坚强"。库尔特的母亲因为有了新男友，所以并不会舍不得儿子。库尔特在电脑方面很有天赋，他发现凭这个本领很容易找到工作，但是他讨厌工作。他喜欢独自呆在公寓里玩视频游戏和在线扑克，他打算靠玩在线扑克挣足够多的钱，然后早早退休。"保护者"编织了一个舒适的蚕茧，将他保护起来。

同时"迫害者"也会出现在库尔特的噩梦中，他梦到自己被一个黑人地主折磨，被外星人劫持，或者自己变成僵尸——实际上库尔特感觉自己就是个僵尸。他有几个朋友，也都像他一样。他觉得生活毫无乐趣，像长发公主一样，厌倦自己被保护起来而与外界脱节。后来库尔特遇见凯瑟琳，他们相爱了。

凯瑟琳喜欢库尔特身上的某些特质，但她接受不了库尔特吸大麻和打扑克牌的习惯。她希望库尔特改掉这些毛病，并接受心理治疗找出噩梦缘由，否则她是不会答应嫁给他的。所以库尔特就来到了我的咨询室，向我寻求帮助。他不想失去心爱的女孩，但又觉得自己很难戒掉大麻。我们一开始并没有着急解决这些问题，而是先寻找库尔特内心那个"被低估的自我"——基于他的童年经历，我断定他一定存在自我低估。

库尔特很不情愿地跟小时候的自己进行了一次"主动想象"。想不到的是，他竟然哭了。之后他有非常大的抵触情绪。但是他告诉我做了什么样的噩梦，把"保护者-迫害者"展露了出来。每当库尔特注意到凯瑟琳的缺点时，他能感觉到"迫害者"变得很刻薄，因为一段真实的关系很有可能就此形成，所以"迫害者"想要搞砸这段关系。

慢慢地，库尔特开始戒掉大麻。他知道自己过去非常需要通过吸食大麻和把自己幻想成一个大富豪级别的扑克牌赢家来保护自己。他试图放弃这些想法的举动竟招来了"迫害者"。在知道"迫害者"是如何迫害他之后，他意识到自己很怕受到惩罚。如果库尔特成为不了外祖父期望的那种强者或成功人士，他可能就会受到像关小黑屋一样恐怖的惩罚。他也能感受到自己的恐惧——害怕再次变得无能为力，像小时候一样，没办法逃离外祖父的控制，或者无法阻止母亲抛弃他。知道这些后，他终于能继续跟小时候的自己进行"主动想象"的对话。尤其跟凯瑟琳在一起之后，他恢复得越来越快。凯瑟琳非常支持他，给他带来了从未有过的安全感。

依恋创伤和"保护者—迫害者"

因不安全型依恋而产生的"保护者—迫害者"通常是最厉害的。缺失父爱或母爱的人可能会对某样东西上瘾，这种东西有可能是抽烟、喝酒、工作或是其他，这就是"保护者"会做的事。"保护者"也可能会虚构出一种这些人小时候从没得到过的完美无缺的爱。"保护者"既会让人无可救药地想要得到某样东西，同时他又打击或贬低一些恰恰可能满足他们需求的东西。"保护者"会说这点东西还不够，或者说它们不够真实（只是些谎话和假象），又或者说它们的有效期非常短暂。

　　通常能解救这类人的东西就是爱或者对爱的渴望。毕竟爱能提供安全型依恋关系，对爱的渴望是人类最自然、最强烈的情感。爱情能把长发公主解放出来，它同样也救出了库尔特。爱会让我们看到"情感联结"的可能性。"这个了不起的人说他爱我。任何人站在我的立场上，都会回应他的爱，并和他幸福地生活在一起，不是吗？"爱会征服一切吗？如果我们能用爱的力量来对抗"保护者—迫害者"，爱是能征服一切的。

　　因为依恋创伤（由依恋关系受损带来的创伤）通常包含一次难以承受的"离别"，比如离婚或者父母其中一方去世。所以"保护者—迫害者"觉得任何爱都有失去的风险——它会帮你排除一切爱的可能。它认为你无法承受失去别人的痛苦，就像你以前一样。只有每个人想清楚自己内心的答案，我们才可能说服"保护者—迫害者"，让它知道我们能够应付离别以及失去的痛苦，就算以前做不到，将来也一定可以。

　　这可不是一件容易的事，每个人都会因为失去而感到痛苦。实际上，你仍然觉得自己无法接受失去的痛苦。就算不是实际意义上的死亡，你也可能会遭受一次精神上的死亡。好消息是，跟那些拥有美好童年的小孩比起来，当你面对"人类所有关系最终都会结束"这一问题时，会更加从容，也更能应对这种情况。

　　除了"失去"之外，还有另外两种"保护者—迫害者"不想让你受到的依恋创伤，那就是"背叛"和"虐待"。就像我所说的，如果小孩没有对父母产生安全型依恋,有一部分原因是他们觉得大人们拥有一切权利,却没有好好爱护自己。这会对小孩造成极大的伤害。结果是,在小孩长大后遭到"背叛"和"虐待"时,"保护者—迫害者"利用"没有人能真正懂你"这一想法来控制你。你永远不会确切地知道,当一个人说爱你时,他是真心的还是想着要背叛你。我们要往好的方面想——那些说爱我们的人是真心的。但"保护者—迫害者"会让你不断地往坏的方面想。只有尝试接受别人的爱,接受他人温暖的话语和友好的行为,才是解决这一问题的唯一方法。

当"保护者—迫害者"让你跟所爱的人变得疏远时,不要气馁。一个受过情感创伤的人所面临的最大挑战可能就是放手去爱。即使没能大获全胜,他的努力也是值得肯定的。另外,如果没有爱的自由,"被低估的自我"是无法治愈的。只有"情感联结"和爱才会把你带离"社会比较"和自我低估的漩涡。

摆脱"保护者—迫害者"的束缚

只要知道自己身上存在"保护者—迫害者"这一事实,它对你的控制就开始瓦解了。其实,你所有"失败的尝试""社会比较"以及"不停的自我批评"都是"心理防御"作祟的结果。明白这一点会让你倍感安慰。这总比你以为自己正走上自我毁灭的道路要好。

第一步,把自己跟"心理防御"分开——通过观察,你就能做到这一点。第二步,打破"保护者—迫害者"的规矩,像长发公主对她母亲那样。第三步,进行情感交流,像长发公主跟王子那样,还要跟自身情感保持沟通。第四步，利用梦境提供的内部信息，这些信息会告诉你"保护者—迫害者"的目标是什么，也会暗示你它接下来的行动。

观察"保护者—迫害者"

回看清单，看看你有可能被"保护者—迫害者"控制的迹象有哪些，认真思考每一项。想想你的"保护者"使用了哪些保护手段。

尤其需要观察你跟别人的关系——"保护者—迫害者"总是主张抵御不安全型依恋关系。如果你是焦虑型不安全感的人，你会想象出一个完美的人，觉得自己配不上他，害怕有人喜欢你。当有人喜欢你时，你会感到自己特别的卑微和害怕。当一段关系变得越来越亲密时，你就会后退，但当他离开之后你反而特别想念。而当他在你身边时，你又会很愤怒地把他赶走，或是想离开他。现在你应该想到，是"保护者—迫害者"将这些事情变得扭曲，因为不安全型依恋在某些特殊时刻会有以下几种情况：

- 当你变得特别挑剔，对对方没兴趣，想要分手时，注意这有可能是因为你对对方的期望又增多了。
- 你把一段感情看得过于理想化。一旦出错，你会觉得这段感情从头到尾都令人很失望。
- 你怀疑他时，从不想问清楚实际情况是什么。
- 你很愤怒或者心碎时，他却不想一直陪在你身边。

- 当他想和你在一起的冲动大于你想和他在一起的冲动时,你会看不起他。
- 哪怕是个很小的矛盾,你也会不假思索地说"分手吧"。
- 你老是担心你们俩之中会有一个太过依恋对方、太弱势或太贫穷。
- 你会止不住地想他是否会离开你、不喜欢你或者死去。
- 在你眼中,对方没有任何缺点,仿佛就是你的男神、女神。

看到"保护者—迫害者"对你做的这一切,我感到十分心痛。但还是那句话,我希望你不要简单粗暴地认为自己是个失败的人,而是把这些理解为心理防御的一部分。

打破规矩

要打破"保护者—迫害者"的规则,你一定要先弄清楚这规则到底是什么。在第三章中,你所承认的创伤通常会让你下意识地服从某些规则。下面清单上已经列出一些最常见的规则,看看有没有你熟知的。如果有没提到的规则,你可以写出来,这是你的"保护者—迫害者"要求你服从的。

- **没有亲密关系**。从不询问或回答私人问题;忽视别人对你的情感表露;表现得轻浮或者粗鲁;如果有人想要靠近,你就会离开。
- **不争吵**。永远待人友好;一旦出现冲突或者对方表现出愤怒,你就会结束这段关系;碰到有人争吵会直接离开。
- **不成长**。拒绝任何接触新事物的机会或邀请;没有追求;老是装傻，所以有机会时没人会想到你。

- **不约会也不结婚。**老是把谈恋爱或结婚的事情往后推；毫无吸引力；总是会迷恋或者幻想；跟不可能结婚的人保持联系；跟已经结婚的人谈恋爱；打扮永远年轻，变成爱调情的单身汉或者舞会女孩，但其实你早已过了这个年纪。

- **没有强烈情感。**永远保持冷静；不会哭；不会愤怒；永远都很潇洒。

- **没有性爱或不享受性爱。**避免性生活；对性采取机械的态度；对性毫无兴趣，很麻木；性爱过程中不包含任何情感，只是为了心理安慰。

- **不相信别人对你的关心。**不接受别人对你的赞赏和喜爱；即使你接受，也不相信他们的赞赏和喜爱是真实的。

- **从不求助。**老是怀疑他人；容易放弃；从不抱怨。

- **不真诚。**只说别人想听到的话，尤其当别人鼓励你要"做自己"的时候，你非常谨慎。

- **不抱希望。**不期望有人会帮你；不相信任何事情会有好转；不相信任何人或任何事。

- **不为自己辩解。**别人爱怎么评论你都可以；从不惹麻烦；觉得这世上没有公平公正。

- **不信任别人。**总怕自己被耍了；认为别人都不是真的关心你。

一旦知道了"保护者—迫害者"的控制规则，你就可以试着解放自己了。如果你一开始没能打破规则，可能是"进两步退一步"这种情况的话，不要气馁，这对你来说非常重要。"保护者—迫害者"的威力十分强大，尤其是当你的努力刚刚开始奏效时，它会让你觉得做这一切都是无用功。

为应对它的蓄意破坏，你可以试着对它发火。你如果不会发火，至少要坚持自己的立场。密切注意"保护者—迫害者"有没有妨碍你阅读这本书，或是阻止你完成相应的任务。这种破坏跟你之前和"纯真"交谈时受到阻挠的性质是一样的。

"情感联结"

正如恐怖分子攻击铁路、电话线、道路，以及其他联结人类的事物一样，"保护者—迫害者"会试图破坏所有的人与人之间的联结，让所有的联结都失灵。因此对于"情感联结"，我们一定要多加巩固。最后，如果"保护者—迫害者"见我们不肯妥协，它会选择坐下来协商。当然攻击可能会再次爆发，但经过一次次的交流，控制权会慢慢转交到我们自己手里。

外部联结。 一个人几乎很难成功反抗"保护者—迫害者"，至少要有另一个人的帮助才行。这个人要能看清束缚你的无理规则，在你想要打破这些规则的时候给予支持。但你要知道，内在的防御系统是不想让我们有任何同盟的。"保护者—迫害者"会经常定这么一条规矩：不要相信有人会爱你。虽然有人一遍又一遍地说爱你，但你很难相信他们。这会让身边爱你的人和你自己都非常失望。所以，你要让身边的人知道，对你最好的关心就是陪伴，这点很重要。

当你不能给予"纯真"安全感，而有人能做到这一点的话，多跟他接触。这个人很有可能是个治疗师或是一个爱你的人。但记住，"保护者—迫害者"需要一个人有极大的耐心，而"纯真"却可能需要大量的安抚。通常治疗师更能经受住这些考验，帮"纯真"保留一方安稳的天地。但身边若有能理解你的人也很不错。

记下那些曾经帮助过你，或帮你打破规则的人的名字，多跟他们待在一起。如果你觉得这样做有效，他们也能理解的话，告诉他们你内心"保护者—迫害者"的存在。你可以让他们读一下这章的内容或整本书。如果你已经有了终生伴侣，一定要让他和你站在同一条战线上，让他知道"保护者—迫害者"是如何介入，并且如何试图破坏你们的"情感联结"的，这对增进你们之间的感情有好处。

内部联结。必须巩固思想、情感、肢体感觉、记忆以及受过去影响的所作所为这几者之间的内在联系。尽可能去回忆、感受、立足当下，这样你才能看到它们之间是如何发生联系的。你要发自内心地承认，分离出去的情感是真实存在的，因为它们从来没有离开过。它们通常就是害怕、愤怒、悲伤和绝望，这并不难理解。难的是把这些看似不知从哪儿冒出来的情感，跟那些想把它们赶出意识领地的创伤联系到一起。有时线索少得可怜，但有时候你会清楚地知道发生了什么事，只是不记得当时的感受。比如很多跟抑郁症或焦虑症作斗争的人都能不经意地说出自己小时候被侵犯的经历，但他们从没发现那跟现在的感受有什么关联。

　　学会找出身体中隐藏的情感，那是强烈情感表达自我的一种方式。也许它们已经有所表现，可能是皮疹、头疼、肌肉紧张或者身体虚弱。它们也可能是你的眼泪、哭泣声、紧握的双拳、扑通扑通跳的心脏或心脏周围的硬块，或是有毛病的肠胃。查查出现这些身体症状的原因，如果你很难捕捉到这些隐藏的情感，你可以试着找一位受过相关训练的人来帮助你。治疗师们通常都知道哪些人能在这方面帮助你。

　　强烈的感情会让人害怕，但没有什么事是永远不变的。如果你不再这么抗拒，害怕的时间就会缩短。也许在与"纯真"交谈过后，你可以找个时间去感受内心情感。你可能会想找一个环境优美或者安全的地方，在房间里点上蜡烛，放点音乐。如果你觉得很难接近内心情感，这种方法可以使你的情感自然而然地展现出来，或者让你平静下来。如果有理解你的人陪在身边，这样最好不过。情感本来就是需要与人分享的。

　　悲伤是一种非常重要的情感。如果你感到悲伤，这意味着你正在靠近内心隐藏的情感。你会为你过去没能得到而且永远也不可能得到的东西感到悲伤。比如童年受到的心理创伤会使你感到悲伤，你不得不承认自己的童年要比别人的悲惨。悲痛、难过、哀伤这三种情感跟沮丧是完全不同的。当人悲伤时，原因很清楚。什么样的事情就会引发什么样的情感。尽管悲伤很痛苦，但这都是人自然而且正常的反应。因为感到痛苦，你才需要跟别人谈心。你需要这样的矫正性"情感联结"。

如果人早期受过创伤，那么他最大的问题往往是无法表达内心的哀痛。他甚至不知道为什么会感到悲伤，因为他根本没有任何记忆。在过去，心生哀痛可能是一件很危险的事，你必须压抑它才能继续前进。如果你表现得很悲伤，别人会觉得你很没用。他们会说："他怎么了？"或者你的哀痛会让老板脸色不好，老板会认为："你是想说，我做了什么对不起你的事吗？"最重要的是，创伤过后的悲伤可能是无用的，因为悲伤只会吸引别人的目光。如果"纯真"的哀伤吸引来的是个不会回应或根本不理她的人，这简直比自我哀伤还要糟糕。但是你现在可以哀悼自己仍然很想要，但没能得到的东西。

通过与"纯真"的交谈，我们能获取大部分的内在联结。做过的梦会展现出我们的内心感受。另外，"保护者—迫害者"会破坏我们努力的结果，所以我们需要有系统的应对方法，而且必须坚持到底。我们每周至少要留出一个小时的时间，回忆自己的情感和过去的创伤。在这些情感和创伤重新出现并回归成为我们生命记忆的一部分之后，治愈之路才会自此开始。所以你需要把情感和创伤经历都写进日记本里。这么做的话，那些由于创伤而产生的自我低估也会慢慢放松对你的控制。

利用你的梦

就算你身上不存在"保护者—迫害者"，学习并了解你自己的梦也会对你很有帮助。梦会让你看到:"纯真"现在是什么样子?你是如何贬低你自己的?是什么让你遭受心理创伤?你跟其他人的关系如何?通常来说,梦会揭示你在日常生活中意识不到的东西,它们会帮助你把故事补充完整。

就拿"保护者—迫害者"来说,它想破坏你的关系,而梦里会有很多信息帮助你修复关系。你的梦就像是一张航拍照片,你能知道"保护者—迫害者"和自己的所在位置,并准确知道它是如何展开攻击的。

梦的语言是由图像和故事组成的,而故事则包含符号以及暗喻。如果梦中出现一些奇特的东西,它们很有可能是想跟你亲自交谈。梦中的每个细节都很重要,你如果已经知道这个梦想要告诉你什么,请注意其中的细节,尤其是你意想不到的那些。

是的,有一小部分符号的含义是全世界通用的,比如大海象征无意识的深不可测。但如果你是一名水手,大海对你的含义就与别人不同。同样地,如果你梦到一只鸟或者一辆出租车,你需要想想这两样东西对你意味着什么。我不建议你去查"解梦词典"上面的释义,我希望你能够读一些跟梦相关的书籍。罗伯特·约翰逊的《内在工作》(Inner Work)是最佳选择之一,这本书的内容更简明扼要,而且书中也包含"主动想象"的内容。[3]

"保护者—迫害者"不能阻止你做梦,但它会告诉你不要去回忆梦的内容,或者把它们看得有多么重要,尤其是那些噩梦——"别听它的"。有"保护者—迫害者"存在的梦总是不愉快的。但就算不好的梦也会对你有所帮助，因为它们都来自于你的无意识，能够帮助你成长，它们一直都是你的盟友。那些梦会给你提供内部消息，告诉你"保护者—迫害者"在干些什么，或者它让你有何感受。

你甚至能够发现有时做了"好"梦之后，自己感到有点不太对劲儿，因为"保护者"在里面动了手脚。有个人梦到一个避难所，这个避难所有一个巨大的玻璃圆顶，外面都是毒气。里面种植的本该是能吃的植物，但它们却由霓虹色的塑料做成。或者你可能梦到自己睡觉、吸毒或在关键时刻晕倒了。这些梦境表明"保护者"在很大程度上控制了你梦中的意识。

包含"保护者—迫害者"的梦的三个阶段。在你读这本书的过程中，与"保护者—迫害者"有关的梦会经历三个阶段。

第一个阶段，你梦到的东西可能是非常恐怖的、邪恶的、暴力的、令人毛骨悚然的或灾难性的。你平时也会做一些噩梦，但当你了解"保护者—迫害者"的抵御模式，或者想要破坏其规则时，噩梦会出现得更加频繁。这些梦会告诉你"保护者—迫害者"是如何反击的。梦中出现的暴力不一定代表你在现实生活中遭遇过，除非是最近发生的创伤事件。梦中可能原子弹满天乱飞，或者有外星人用毒气喷射城市。你能看到在这一过程中"纯真"受到了多大的伤害，而"保护者—迫害者"会使你害怕未知的一切，让整个世界看起来很危险。

第二个阶段，你的梦会反映你跟"保护者—迫害者"对抗的进程。虽然恐惧感依然存在或者有所加深，但现在的你可以反抗，也许还会得到一些帮助。比如在梦中，一颗导弹飞到你脚下马上就要爆炸，这时你害怕极了。你环顾四周，你看到这些炮弹是从一个高墙后面的防御设备里发射出来的。旁边有人冷静地告诉你，发射导弹的都是些没人性的坏蛋，必须有人冲进去，阻止他们毁灭世界。

梦中的设定——防御设施，明显指向的是"保护者—迫害者"。梦里的你已经知道"保护者—迫害者"就是那些防御设施。还有一个好消息就是，大脑中的某些神经似乎知道该做些什么。你知道这个人的身份不是"保护者"，因为"保护者"会用一些毫无帮助的东西将你从这个问题上引开，而他则告诉你要如何应对防御设施的攻击，尽管成功的可能性并不大。

第三个阶段，"保护者—迫害者"会以人的形象出现在梦里。即便他是希特勒或者杀死孩子的母亲，他都是以人的形象出现的，所以必然有人的缺点。你可以把希特勒锁起来，让杀死孩子的母亲接受审判。还有其他迹象表明你已进入到第三个阶段的梦境，比如被人解救，自我效能提高，能够对抗或者打败"保护者—迫害者"。如果梦中的受害者不是你，那么你就不再受"保护者—迫害者"的控制了。

这三个阶段的顺序不是一成不变的，但是知道大概顺序会让你了解自己是否有进步，并理解为什么有的噩梦会重复出现。由于你想要打破规则，"保护者—迫害者"便会被激发出来阻止你，因此你的梦随时可能恢复到之前的状态。

在与"保护者—迫害者"对抗的过程中，你需要格外留心梦中的以下信息：

设定和年龄。梦境的设定和你的年纪通常会给出一些大致信息。如果梦中的场景是你小时候住过的房子，说明那可能与你的童年有关，意味着房子里发生的事至今仍对你有影响。如果梦中的你是住在那间房子里的成年人，那表明你目前的成人关系可能与童年经历有关。

在"保护者—迫害者"的梦境中，场景会随着你所处的阶段的不同而变化。第一阶段的场景是噩梦般的超自然世界。第二阶段的场景则是一个人为创造的，并且很邪恶的地方，比如集中营。而在第三阶段的场景里，你往往能打败你的敌人。

梦中的年纪越小，这一切就越有可能与"纯真"有关，尽管你一般会把她当成大人看待。但如果梦中的年纪和实际年龄一样大，那反映更多的是"保护者—迫害者"对你现在的打击。

情感和人。大致来说，一个人在梦里感受到的情感有多强烈，那么在现实生活中，他就有多关注这些情感。如果你之前受过创伤，但却不知道某些情感的缘由，那些没能表达出来或未知的情感就会在梦境中表现得非常强烈。"保护者—迫害者"为了不让你崩溃，故意不让你知道原因。尽管噩梦很让人心烦，但它们能够帮助你重拾情感与意识之间的关联。赶走噩梦最好的方式就是跟别人讲述你的梦，这也再次体现了"情感联结"的力量。

"保护者—迫害者"在梦中的出现形式其实包含了很多内在信息。库尔特梦到他要跟一个黑暗骑士决斗，在一开始他们拥有同样的武器，这是第三阶段才会出现的特征。但是后来它迅速转变到第一阶段，骑士变成一个巨型机器人，体积不断增大。它杀光所有生物，包括人类、动物和植物。库尔特明白，外祖父的战士精神在指导他如何战斗方面还是很有用的。但外祖父对他的训练却是毫无人性的。在"保护者—迫害者"看来，库尔特早年与大人相处的经历是他与外界断绝联系的一个原因（后来，库尔特梦到跟一个机器人比剑，那剑能刺穿机器人的外壳，紧接着它就流血死掉了）。

折磨和苦难的细节。了解你和你的"纯真"在梦中具体遭受了怎样的苦难或折磨，这一点非常重要。砍头、上吊或被勒死都会让身体和情感变得不完整。"迫害者"惯用的批评伎俩是让别人嘲笑你，好让你放弃抵抗。如果"保护者—迫害者"阻断空气、食物和其他生活必需品的来源，这说明它已经严重妨碍你对自身需求的关心。

如果你梦到可怕的性侵行为——比如强奸或者儿童被性侵——说明"纯真"可能在某种程度上受到过这种伤害，不管是生理上还是心理上，比如一个父亲十分详细地跟女儿讲述性事，好从中获得快感。永远不要低估一个人在心理上受到侵犯所产生的影响，不管是生理上还是心理上，尤其像乱伦这种典型的侵犯，这对大多数孩子而言，伤害极大。

梦到性侵不一定代表它发生过，但它通常象征着某些重要信息，可能是你从没有注意过的。比如一个人梦到很多罪犯，这可能意味着之前的侵犯或者侵扰行为对他造成了很多伤害。恶意的性行为还不都是指性侵。它可能只是想告诉你"保护者－迫害者"正在对你做些什么——强奸、虐待、要求你进一步接受屈辱并且服从，或是攻击你的软弱和创造力。

凯伦的"死亡先生"

凯伦是个工作认真，但极其敏感的外科护士，因为工作焦虑前来向我咨询。她焦虑的表现让医生认为她的能力不够。凯伦因为害怕自己在手术中犯错误而睡不着觉。她的生活完全被自我低估控制，这就是"保护者－迫害者"想达到的效果：让凯伦丧失自信，没有勇气去寻找生活中想要或者需要的东西。

有一天，凯伦特别倒霉，她被医生命令离开手术室，并被严正声明她在手术过程中不听指挥。凯伦知道是医生对最新的操作流程不熟悉，如果按他说的做，病人可能会有危险，所以凯伦在接到命令的那刻就僵住了。那天晚上她做了个噩梦，梦里她变成一只鹿，前腿和后腿都被死死地绑在杆子上，无法动弹。这时有个医生出现了，凯伦一看就知道是他设计这一切来折磨她。医生见她还活着，觉得很奇怪。他在放开她的同时，砍下了她的前腿。后来她一瘸一拐地走进丛林，为自己的瘸腿感到羞耻。

医生跟着她，把她变成了一个小女孩，强迫她做自己的奴隶。现在小女孩得帮这个医生去抓鹿，用绳子将鹿腿绑到杆子上，后来这些鹿都死了。小女孩每次这样做时都特别痛苦，但她却无法反抗。

梦中的这个女孩8岁大，而在凯伦8岁的时候，她的母亲因为癌症不幸去世。凯伦一直是个好孩子，母亲生病后她表现得更好。但她依然只是个孩子。就在母亲去世前不久，凯伦新交了一个非常粗暴的朋友，他们俩合伙去当地小卖部偷东西。对凯伦来说，跟这个勇敢聪明的新朋友分享这种危险的秘密，十分刺激。后来他们都被抓了。

凯伦的母亲知道后十分绝望，担心凯伦在自己死后没人管教而"学坏"。医生告诉凯伦，她的所作所为让母亲的病情加重了。

这个梦包含了哪些情感呢？痛苦、无助、残疾的羞耻感一直伴随着她。砍掉的前腿不仅代表她割裂的人生，还表明凯伦没有选择的自由。最重要的是，梦中的凯伦是杀鹿的帮凶，对此她感到万分罪恶，就跟她认为是自己害死母亲一样。

梦中医生的角色就是"保护者－迫害者"本身。凯伦给他取了个名字，叫"死亡先生"。在治疗中，凯伦感受到情感的释放，所以她做了这个梦，然后才有"'死亡先生'把她的腿砍断，让她一瘸一拐地离开"这一情节。把过去和现在所有跟医生有关的创伤联系起来，凯伦开始为自由奋斗，她努力挣脱"保护者－迫害者"的控制，在工作中也变得不那么畏首畏尾了。

回忆梦的内容并研究它

有"保护者－迫害者"存在的梦，通常都会很暴力，而且让人感到很不安。它会让你在半夜惊醒，或者在早上刚醒的时候它突然涌现，但这种情况不会一直持续下去。如果这个梦对你有帮助，"保护者—迫害者"会尽力让你忘记梦的内容。但如果你忘记了也不要紧——你还是会做其他的梦。你可以每天早上在床上多躺几分钟，看能不能多回忆起一些梦的片段。你可以用浏览的方式来帮助回忆：梦中的场景是在室外、工作场合，还是在海滩？有动物吗？有人吗？如果某些场景让你有熟悉的感觉，一定要抓住它，仔细回忆。将你能回忆起来的梦写到日记本里，你可以在白天或者晚上睡觉前想想做过的梦。

如果有人跟你一样懂得"保护者—迫害者"的花招，你们可以一起互相研究做过的梦，这会对你们很有帮助。互相询问关于梦的具体内容，比如："希特勒对你来说意味着什么？"或者"你对社交聚会怎么看？"通常做梦的人能自己寻找其中的联系，不需要别人的帮助。但是当你跟另一个人谈论梦的时候，什么事情都有可能发生。所以当你揭露内心深处的自己时，一定要保证自己是舒适、放松的状态。

偶尔也有受过创伤，但声称自己从来没做过梦的人。尽管有时长期性失眠或者药物也会扰乱梦境，但人不做梦是不可能的，除非是防御心理不想让你记起做过的梦。排除外部干扰因素之后，要有耐心地思考那些梦境中的小细节对你来说意味着什么。慢慢地，你就会建立起跟梦的联系。

拿自己的"保护者—迫害者"梦境来练习

选一个有"保护者—迫害者"出现的梦，比如梦中某件事或某个人，让你感到害怕、受罪、有囚禁感或失去意识。注意那时候内心情感的强烈程度，思考为什么这些情感会在梦中出现——这些情感是不是可能在你清醒的时候就存在，但是不知道原因？是不是最近发生的某件事让你产生这些感受？

根据"保护者—迫害者"出现的方式来判断这个梦境处于第几阶段。它是一台机器、一只怪兽，还是一个人？它强大到能毁灭世界、一座小镇，还是仅仅只能毁灭你？你在梦中年龄有多大？你能否从场景设置中得到点提示？

列出梦中每个人物和每件物品的细节。扪心自问，为什么它们会在那些地方出现？想象你是在跟一个与你有着不同文化背景和个性的人描述细节，那么你怎样才能表述清楚？那个自行车对你来说意味着什么呢？如果自行车是红色的，这个颜色意味着什么？是代表着愤怒吗？那如果它是蓝色的，表明你很忧郁吗？

退一步观察，看看你能否从梦中了解"保护者—迫害者"在生活中以何种方式存在。你能指出哪些行为是保护行为或者哪些是迫害行为吗？你能否利用梦境中的信息，使得"保护者—迫害者"更加人性化，从而打破它的规则吗？比如凯伦在梦中见到"死亡先生"，好消息是梦中的凯伦是一名幸存者，但凯伦需要打破医生们的规矩，不让他们把她当成小孩或奴隶看待。

主动想象"保护者—迫害者"

既然已经意识到"保护者—迫害者"的存在，你就会慢慢感受到自己情感的释放，并努力通过打破它的规则而获得好结果。你能够跟别人结盟，建立起过去与现在、心灵与身体、情感与记忆的联系。你的成功会在梦里有所体现。相比于以往，你看到"保护者－迫害者"会更多地以人或者大自然中的形象出现。这之后你就可以运用"主动想象"，跟"保护者－迫害者"进行协商。

协商的目的不是要完全摆脱"保护者－迫害者"的控制，这几乎是不可能的，而是要让它出现得不那么频繁。你要向它证明，你在外面的世界里过得不错，或者能过得更好。

确保安全

在与"保护者－迫害者"协商之前，确保你身处一个安全的环境中。就算它以人形出现，也很有可能攻击你或者欺骗你。你要挑它最温柔、最好说话的时候开始交谈，交谈时要注意自己的人身安全。如果梦中的"保护者－迫害者"想要破门而入，但你此时不想与它展开对话，你可以想象警察过来把它带走。当它被关进监狱后，你可以再跟它对话。如果你无法想象它被警察关起来——比如它越狱，变得无法无天，或警察也没有完全站在你这边——那就停止交谈。

协商

你的目的是让"保护者－迫害者"相信：为了自由，你能打破它的规则，并且你很喜欢冒险，这对你来说是一种锻炼。你告诉它你很享受工作上的成就；不想永远被它的规则束缚住。它会说你最好永远默默无闻，从不提任何需求，从不展示自己的才能，或者"保护者－迫害者"想让你持续自我低估的任何想法。你要告诉它你跟周围的人关系良好,不要假设它已经知道,因为它是无意识的,是无法感知这些的。这也是为什么心理防御如此牢固的原因。

仔细倾听"保护者—迫害者"的回应。即使你不同意它的观点,也要听它把话说完,这会让你们之间的沟通更加顺利。还有,你要知道困扰它的问题是什么,以及它是如何妨碍你的。

你已经知道"保护者—迫害者"的保护策略,所以你首先要承认它是好心想帮你。然后悄悄并且坚定地提出:你也像它一样想保护"纯真",但同时也想看到她的成长。如果"纯真"表现出想要享受更多的自由,不想一直被别人保护起来,她能帮你抵抗"保护者—迫害者"。

与"死亡医生"进行主动想象

凯伦变得越来越爱冒险,也越来越敢于打破"死亡医生"立下的规矩。比如她接受了外科护士长一职,这项工作对于她前面的三任护士长来说,难度都很大。尽管没有人承认她工作做得好,但她知道自己干得不错。凯伦身上的责任也越来越重。她明显比前几任护士长干得都要好。但她身形日渐消瘦,睡不着觉,朋友也越来越少。虽然她能勉强干好护士长的工作,但生活却是一团糟。

凯伦知道她应该辞去这份工作,而且她也想这么做。辞职之后,她打算继续读书,而且也负担得起学费。但是"死亡医生"立下的第一条规矩就是:永远不要改变。因为在过去,即使一个小小的改变——交新朋友——似乎都会带来可怕的后果。但是,凯伦已经开始做出一些改变。她从父亲的房子中搬出来，结束了两段很糟糕的"友情"。尽管她对朋友十分忠诚，但她的朋友们却伤害了她。当凯伦改变之后，"死亡医生"也变得越来越像人类了，他不能再施咒把"鹿"变成"小女孩"，或把"小女孩"变成"奴隶"。情况好转也使凯伦深受鼓舞，她决定跟"死亡医生"谈谈辞职的事。

凯伦：医生，我们又见面了。你是不是又想"帮"我？我想辞职，但却下不了决心，是你在捣鬼吗？

死亡医生：你不想当一个半途而废的人，对吗？

凯伦：就是这句话！【凯伦知道父亲讨厌别人半途而废。凯伦的母亲去世后，父亲一直没能走出来。后来，他变成了一个冷血、残酷的监工，还曾经多次骂凯伦是个逃兵。】而泰坦尼克号在沉船的时候，人们只有跳船才能活命。它的沉没是由管理不善造成的，乘客们也无能为力。

死亡医生：那你辞职吧，你现在赚的比以前任何一份工作都要多，你再也找不到这样好的工作了。

凯伦：如果我不够优秀，我也不会被升为护士长。我本身有这个能力。

死亡医生：他们会想知道你为什么要辞职。你如果说是因为医院管理不当，你只会被当成一个闹事者。

凯伦：我的前主管说他会给我写一份不错的推荐信。

死亡医生：如果你告诉上司你要辞职，他会气炸了。【这次凯

伦再次犹豫了,她很怕她的上司。】

凯伦:我会写一封辞职信。

死亡医生:你本来有大好的机会,但却被你搞砸了。

凯伦:我没有搞砸。我来之前这儿就是一团乱麻。我走之后,这儿还是会继续乱下去。

死亡医生:你就把罪过推到别人身上吧。

凯伦:别说了,我就不应该接受这个职位好吗?我已经尽力了。我不怕,一切都会好起来的。

凯伦做了以下几件事:

- 跟最没有杀伤力的"死亡医生"对话。
- 查看过往——父亲曾说她半途而废。
- 坚定立场。
- 忍受不了就发火。

主动想象的比较:"保护者—迫害者"VS"批评者"

如果跟凯伦交谈的是"批评者",而不是"保护者—迫害者",它也有可能会批评凯伦没能继续坚持下去。"批评者"会认为批评能使凯伦振作起来,帮助她获得成功。凯伦也可能对"批评者"说同样的话,那就是她一定要辞职。但一般来说,"批评者"很快就会被这些理由说服。"批评者"和"保护者—迫害者"在动机上有很大差别：前者想要为你提供帮助，而后者想让你抱残守缺，永远不要改变。在"保护者—迫害者"眼里，被低估的自我永远是最重要的。

因为"批评者"与"保护者—迫害者"的功能不同，就算你的治疗进行得很顺利，"保护者—迫害者"也不会转变成"批评者"。与"批评者"不一样的是，"保护者—迫害者"总是很冷漠而且一点儿也不友好。它最友好的表现是对你冷嘲热讽。当你在进行"主动想象"时，最好要想清楚跟你对话的是"批评者"，还是"保护者—迫害者"。即使你可能已经记不太清谈话的形式或内容，你也可以想想：它说的话对你有帮助吗？它有没有谎话连篇呢？

学以致用

在这章中，你已经知晓"批评者"是如何构成自我低估的一部分，你也能判断是否有"保护者—迫害者"一直让你不停地贬低自己。现在，你可以重新开始掌控自己的生活了。

与"批评者"讲和

在笔记中写下你期待"批评者"所做出的改变，然后给他写封信，清楚地告诉他你的期望。在"主动想象"的过程中，把这封信读给他听，看看他有何回应。针对信中内容跟他商讨，直到意见达成一致。当你注意到"批评者"在慢慢变回原来的样子时，你就把信拿出来。他应该像个好教练一样，真心承认自己没有遵守约定。

打败"保护者—迫害者"

如果你受到"保护者—迫害者"的控制，想想你最渴望实现的价值和目标是什么，被低估的自我是如何妨碍你实现它们的。想想"保护者—迫害者"是如何一步步阻碍你的进步，让你保持自我低估的状态，以及它这样做的原因是什么。把"保护者"以及"迫害者"都考虑进去，看看它们各自都用了什么策略以及他们俩现在谁占主导？

如果你还没有这么做，还没有把需要打破的规则列出来（比如，没有亲密关系，不为自己辩解，诸如此类），还没有写进度安排，现在就可以写个总体规划，想想用什么策略能更好地控制"保护者—迫害者"。这应该包括：警惕它的出现；继续打破规则；增进亲密关系，不管是内部的还是外部的；写日程表，安排时间跟"纯真"进行"主动想象"；观察你的梦，看看"保护者—迫害者"是如何影响你、妨碍你的；寻找合适的时机，跟它进行对话；记录下这一过程中的所有进步。最后，如果你把这本书束之高阁，对它视而不见，你需要问自己为什么这样做。

第七章

如何通过"情感联结"加深亲密关系

"纯真""批评者""保护者—迫害者"的存在会让我们远离"情感联结",而且我们自己几乎意识不到这一点。现在我们已经了解到这一事实,可以有意识地发展一些"情感联结"技能,以便在必要的时候,从"社会比较"模式转变成"情感联结"模式。在第四章中,我介绍了"情感联结"的基本内容,但在那一章里我们更关心的是如何与别人建立"情感联结",并且维持与别人的关系。关于如何发展一段亲密关系并没有涉及。

　　这一章的内容不仅能帮助刚刚认识或约会的双方变得更加亲密,还能帮助他们确定彼此间的亲密关系,甚至是未来伴侣的关系。亲密关系会让一个人有更多的机会和别人发展"情感联结",而不是纠结于"社会比较"。除此之外,亲密关系还会在其他方面减少一个人自我低估的可能性。在一段亲密关系中,对方几乎知道你所有的怪癖,但他仍然这么爱你。聊聊彼此的怪癖也能帮助你治愈创伤。如果你以前经常在依恋关系中缺乏安全感,读完本章之后这种情况便会慢慢减少。你将在"社会比较"无处不在的世界里找到一处避难所。

你们之间有多亲密?

　　我们如果想要知道自己和某个人的关系有多亲密,往往需要做一个很长的测试才能知道结果。但我和我丈夫发明了一个可以精准展现一个人与他人亲密感的测试,你只需要选出下面哪幅图最符合你和他的关系即可。如果你想测试自己与很多人的关系亲密度,可以在对应的图片里分别写上你和他们的姓名。

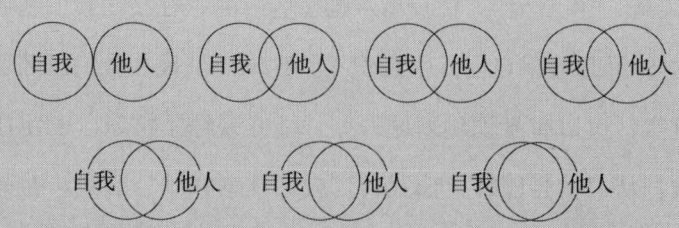

两个圆圈重合的部分越多,说明你越把对方当成自己的一部分。经过调查研究,我们发现:对方在你心里占多大比重决定你有多喜欢对方,多享受这段关系,多愿意为对方付出,甚至对他像对自己一样好,仿佛你们俩是一体的。[1]这并非是一种不健康的吞并关系——你们都还是各自独立的"圆圈"。对别人像对自己一样好的前提是——你要保留自我。但是你们俩会共同分享资源、观点,在情感上你们会互相支持,这就是"情感联结"的本质。

哪些措施可以加深你们之间的关系

虽然在大多数情况下,我们都是通过聊天的方式来增强彼此的联系,但还有一点很重要——有时跳过聊天,直接采取行动反而更加有效。在第四章中我们说过,我们可以通过送吃的、送礼物等友好行为来增进情感。你送的越多,你们之间的关系便越亲密。如果你们还是普通朋友,你可以送她一杯咖啡。当关系变得亲密之后,你可以邀请她共进晚餐。与其在旅行的时候给她寄张明信片,不如带回一个手织毛毯给她。如果你的医生朋友生病了,但她有个门诊手术要做,这时你与其提出帮她代班的建议,不如送她去医院,等她做完手术后再送她回家。之后,你可以一直陪在她身边,直到她的病情有所好转。你还可以给她做饭,陪她一起看书或电影。

众所周知,友情和爱情通常会在两个人共同经历磨难之后变得更好。[2]想想你交朋友是不是这种情况,也许你们会为一场重要的考试而一起学习,也有可能你们有一起参军或抚养年龄相仿的孩子的经历(这个章节里面的例子都是跟亲戚朋友有关的,但增进亲情友情的方法也能用来增进爱情)。有些人因曾被困在同一部电梯里而成为一生的朋友。你也可以通过制造某些特殊情况来加强"情感联结"。一起旅行会让你们变得更亲密,同居更是如此,这不仅仅是因为你们有大把的时间在一起聊天,还因为你们可以在意外情况发生时为彼此做些什么或你们一起干些什么,你还会看到对方最糟糕的一面。想想一起学习摄影会如何增强你们的关系吧,还有远足、野营,或是在收容所一起当义工,等等。

研究发现,如果两个人同时讨厌某个人或合作某个项目的话,他们很容易从陌生人变成朋友。[3]有时你也可以运用这一点。由于担心河水上涨,你可以跟你的邻居一起堆沙袋。如果他打算改建房子,你可以帮忙提些建议。此外,分享自己的爱好也会有相似的效果。你们如果同时喜欢某一个球队,或者都爱好戏剧,就可以一起买票去看球或者话剧。

在这个过程中,肯定会有激动人心的时刻出现。一般来说,人们在一起做令人兴奋的事情时,会感受到生活的美好,还会觉得当时陪在身边的人更有吸引力。⁴ 不要约对方看电影，你们可以一起在月光下远足。不要约吃午饭，你们可以一起去滑直排轮、赏鸟、在屋顶野餐，或者一起去救济所当义工。当然，如果对方并不喜欢做这些事的话，你也不要一味地坚持。除非你确定她会喜欢你提的建议，否则不要给她制造"别样"的惊喜。但如果对方知道你如此费心地制造两个人在一起的机会，她会很感激你的付出。

开始一场有意义的对话

关系越好，你越懂得如何回应对方。每个人在尝试理解对方、满足对方要求的时候都很谨慎。不管是为了更了解彼此，还是帮助彼此，我们大多通过对话来交流。在帮好朋友搬家时，两人之间的交谈也能带来很多乐趣。有些对话可能会很好玩，比如说，"你的东西比我父母加起来的还要多！你还有装盒子的盒子。"某些对话会让你们更加了解彼此，"所以扔东西对你来说是件很困难的事情吗？"而有些对话可能会帮助到对方，"我看你舍不得从这儿搬走，你想跟我聊聊吗？"

谈话的乐趣

我们可以跟喜欢交谈的法国人和其他欧洲人学习，他们有跟美国人完全不同的人生观。

首先，他们不会跟呆板无趣的朋友见面。每次相见他们都是热情洋溢的。如果你是个性格内敛的人，那么你需要提醒自己要有活力一点儿，跟人说话的音量要高一点儿。简单地打过招呼之后，不要问："最近发生什么新鲜事了吗？"对方会回答你一长串新闻报道，美国人通常这么干。尝试些机智的问答或者不要正面应答。将对话想象成一场网球友谊赛，练习得越多，打得越好。下面有一个具体的对话事例。

"我刚看过这部伟大的电影。"
"你看的电影肯定很好看，我也得去看看。"
"下次你可以跟我一起去看，不用等我的影评。"
"不，你的评论经常比电影还精彩。"
"你真想听我的评论吗？"
"我已经放弃读菜单了，你没发现吗？"

这样的对话是不是看起来很费神？一位亲密的朋友，一段稳固的联结是需要用心付出的。就像打网球那样，你打得越好，就越会觉得它有趣。你如果想让你们之间的关系变得更牢固——想要治愈被低估的自我，你就需要费点力气和别人好好交谈。

关于内心世界的看法

"亲密"一词来源于拉丁语 intimus，意为"最隐秘"的。为了让一段关系更加紧密，我们需要说出内心深处的想法以及感受，尤其是我们自己的感受。朋友之间谈论的话题越私密，关系也就越亲密。

一开始你们仅仅是交流想法，观察对方。然后你们才谈到观点和感受，再接着是纯粹感受或情感的表达，比如你们俩一起歇斯底里地大笑或大哭。这些情感瞬间通常最能增进两人之间的关系。

分享当下通常比谈论过去更能加深亲密感受。看看下面这两句话的区别："我想起来了，我之前看过这个人表演各种单轮脚踏车的特技""看，那个在玩单轮脚踏车的人多酷啊，你想去看看吗"。后一句话更容易拉近彼此的距离，因为你在分享当下的瞬间。

谈论的内容可以是别人、你和别人、你的朋友，或者你和你的朋友。最令人享受的亲密对话通常是你们彼此之间的感受是什么，而不是彼此在想什么。比如："我就喜欢跟你在一起。很高兴我今天能跟你一起见面吃饭。我最近有点情绪低落，总是开心不起来。但你知道吗？见到你我就很开心。"

当你的用词不涉及情感，描述的东西与两人的关系或者共同爱好无关的时候，"情感联结"会很难得到强化。比如："我昨天去购物，要退一条裙子，那个等我的人……"

但有时也会有例外。比如你在跟别人分享信息的时候，你有跟他变亲近的感觉，你还知道对方也有同样的感觉。相爱的人喜欢听到对方的想法、人生故事、最近的经历，或者仅仅是飘渺的思绪。在合适的情况下，这些分享都能够创造出亲密的感受。当然，有时你要关心对方，比如说"你看起来有心事"；或者对于过去的某件事,他需要你的认可——"我听说你那天获得了市长奖,我真为你感到自豪。"

一个擅长建立亲密关系的朋友

从某些角度来讲,两个人的亲密程度与双方的性格有很大关系。我有个好朋友,她很懂得聆听别人的心声,从不打断别人,还会巧妙地情绪同步。当我需要关心时,她会照顾我,还会问一些体贴关心的话,让我们的交流更加深入。她的性格本就是这样,这样做确实能拉近我们彼此间的距离。面对不熟悉的人,你可能不会问这些问题。比如,"临死前,你会不会因为没做某件事而感到后悔?""你最早的记忆是从什么时候开始的?""如果能重新选择行业,你会选什么?""你认为人死后会发生什么?"她还会询问与我俩关系有关的问题,比如:"你觉得我们十年后的关系会变得怎么样?""我们互相说说从对方身上学到的最宝贵的东西是什么吧。"

我们会借由讨论各自的梦境来分享最近经历过的事和内心深处的想法。如果我们一起住在某个地方,第二天睡醒之后的对话会以"你做梦了吗?"开始。我喜欢她对梦的那种好奇心,就像我在第六章中说到的,跟别人讨论梦会帮助你了解自己,达到你从未想象过的深度。

我不确定她是否知道"讨论彼此相处的状态"会使两人的关系更好,但她这么做确实让我们的关系变得更亲近。她会说:"我很高兴你这样说,这对我帮助很大。"如果我们在通电话,她会说:"在我们聊天时,我甚至会记下你说的话。"或者她会问我:"我们今天是不是变得比以前更亲密了?"最重要的是,她还会直接问:"我感到你很烦我,是不是?"或者她问:"伊莱恩,我们得谈一谈,你这样我会很难受。"

结果是每次谈话都会让我们的关系更进一步。

跟对方步伐一致

当你表达感受时,你希望交谈中两个人的参与度是相当的。当你分享自己的一些事情时,对方也会把他的事情跟你分享。如果对方没有跟你分享,你会觉得自己不应该说这么多,或者觉得自己被冷落了(当然,如果你们需要谈论某个特定的问题,保持对话双方的平衡就不再是你们的主要目标)。

要想跟对方有良好的互动,我们最好知道他们当时的心情。你的朋友是不是很劳累,是否因为某事很烦恼,你会不会感觉自己像是个旁观者?如果是这样,你可以放慢语速,帮助他冷静下来。比如下班之后,你跟朋友碰面喝酒,他上来就滔滔不绝地跟你说办公室内的争斗。等轮到你时,你有意识地用沉着冷静的口吻跟他交谈。后来,他说话的语速也放慢了,而且也变得更放松了。

如果你觉得朋友过多地分享了他的个人情感,而你们之间还没亲密到可以谈论这些话题,你可以减少袒露自己的情感,或者悄悄转换话题来示意对方慢下来。你当然不需要配合他来袒露心事。这样做只会让你更难受,因为说太多会让你不舒服。比如,如果你朋友开始谈论他最近的性经历,而你并不想了解这些,你就没必要跟他分享自己的性经历。

如果你朋友的话很少,有可能是因为他还不确定你的兴趣或者关注的东西是什么,你可以多分享一些自己的事情来鼓励他。分享完之后停一停,让他也分享相同亲密度的事情。但是注意不要分享太多,不要做让自己以后会感到尴尬或羞愧的事。如果不管你有多热情,你的朋友还是显得很拘谨的话,你可以随他去或者试着问声为什么,但不要窥探他的内心。你可以这么说:"你今晚都不怎么说话,这没关系。但如果你有什么心事要说,我就在这里。"这种关心和"情感联结"的方式会帮助打消"社会比较"的念头,也不会因此引起自我低估。

如果你们之间出现问题

如果你能当面说出讨厌对方的哪些具体行为,这说明你们的关系已经非常亲密了。如果你心里住着"被低估的自我",别人对你的负面评价会很快引发你的"社会比较"模式。你害怕跟人发生争执,如果别人再次指责你会让你无地自容。如果你在跟别人对抗前就想到这些情况,你可能会以"社会比较"的语调和口吻说话,而且可能会用"责怪他人"或"投射"的自我保护手段。最重要的是,你害怕提出问题之后被人拒绝,从而导致关系破裂。长期来看,我们如果有问题最好说出来。因为如果他做了一件让你感到不满或对你缺乏尊重的事情，你要跟他表达出你的不开心。这样，"被低估的自我"才能明白有些事情说出来并不可怕。

在开诚布公之前，你必须要确定自己不是在无理取闹。比如，你跟你的表妹关系很好，她开玩笑地说："你真无趣——居然这么喜欢碳水化合物类的食物。"第二天早上，你会因为这句话依然不开心，还是醒来之后就忘了？你如果还是觉得难受，可以试着找个合适的机会跟表妹谈一谈。不要在她着急上班或是很疲惫的时候谈，而是静待合适的时机。一开始你要说出表妹的四个优点（如果是七个更好），之后你再温柔并且友好地表达出她给你带来的困扰。这个想法虽然听起来很蠢，但很有用。

不要忘了还有羞愧这回事，不要评论或指责对方的问题。要就事论事，说说这件事哪里让你不开心，并解释原因。"当你的钥匙串响的时候，我很紧张，就怕你要走。"这么说是在暗示问题有可能出在你身上。但由于你的紧张会影响你们之间的关系，所以你必须告诉他你心里的感受。不要说"你迟到了，这样很不礼貌"，要以"我"开头，"你迟到我会很急躁"或是"你迟到我会生气"。

就算我们用第一人称来表达内心感受，一次也只能谈论一件事，谈论太多会让我们感到羞愧。说"你今天迟到让我很难过"，而不是"你每次迟到都让我很难过"。如果迟到两次，你可以在第二次时再找他谈一次。

如果你对自己感到不满，或怀疑对方对这段感情的付出，你也要把这些情况说出来。这同样会带来挑战，因为被低估的自我很容易让你感到羞愧。但对方也会遇到类似的情况。如果你的害怕和负面情感能够得到对方的包容和支持，反过来，你也会一样地支持他，这样两个人之间的联结会得到加深。你们彼此要互相拯救，不让对方受到自我低估的伤害。

在对方承受压力时，满足他的需求

对等的交流有时会增进彼此的关系，就像我之前谈过的"有趣的交谈"或者"袒露心事"。但有时候只有一方有情感需求，这时另一方可以提供帮助。当对方有情感需求的时候，最好的增进彼此间情感的方式就是回应他的情感需求，并且仔细倾听。我在第五章中提到，在"主动想象"和帮助"纯真"的过程中要学会"情绪同步"。这种"情绪同步"有治愈的效果。这意味着你完全理解另外一个人的感受，有时可能会跟他有同样的感受。换句话说，展现同理心是最亲密的一种情绪同步。

你有个朋友一脸痛苦地告诉你，她父母在一起30年了，但现在他们要离婚。你的第一反应是问："你是怎么发现的？他们到底怎么说？是离婚还是分居？"你甚至会问："你有什么感受？"对一些人来说，如此直接的反问会让他们很不舒服。相反，简单的聆听或情绪同步——感受或尝试感受对方的情绪，会让你们有更深入的讨论。

学习如何帮助一个朋友面对压力，这听起来有点像在进行心理治疗，但当你了解高水平的心理医生是如何展开心理治疗的时候，你就会发现这两者其实并不一样。你不需要会什么专业技术。实际上，如果你不想跟对方情绪同步，而硬逼自己这么做，这反而会让你们的关系变差。你也不需要在心理治疗方面有多出色。真诚的关心是最重要的，"情感联结"的本质也是如此。

情绪同步中的"做"与"不做"

- **尝试分享心情**："是啊，听你说他俩分手了，我也很伤心。"
- **听完别人的感受，用言语或者其他方式给出回应**："我知道你损失很大。"
- **用身体或其他非语言方式表达你的兴趣或者情绪同步**。身体前倾，注视对方，如果对方在说一些重要的话，你要停下正在干的事情。如果对方很伤心，你要用身体语言和语调表现出你也很伤心。想哭的时候可以哭出来。
- **用比喻来表达你对他的理解**："你是不是觉得自己像个孤儿？"——比喻最能捕捉情感。
- **如果会错意，不要羞恼**。你朋友可能会这样说："我觉得自己不像孤儿，更像快死了一样。"就算他对自己的情感修正得不是很准确，话题也被带往一个新的方向，你也要跟他保持统一，并表明你想帮他理顺情感，而不是直接告诉他那些情感到底或者应该是什么。
- **不要尝试说服你的朋友哪些感受不应该有**："你不应该感到歉疚。"

- **不要聊到自己的经历**："我爸妈离婚时我很生气。"
- **不要着急表达你的情感。** 一开始你可以说："我能感到你对父母离婚这件事有多忧虑。"你甚至可以说："我感到遗憾。"但"感到遗憾"这句话可以稍后再说，因为听到这个消息，你肯定会感到遗憾。
- **在了解整体情况并确保朋友会听取你的意见之前，不要给出任何建议。**
- **不要下任何推测性结论**："是的，父母离婚对小孩会有很大影响。"
- **避免套路。** 不要说"时间会治愈一切"这样的话，或者泛泛而谈，说"人生本来就很艰难"。
- **少问些问题。** 问题多了会分散对原来话题的关注度，或你在暗示对方应该有什么样的感受。除非有紧急问题你才可以询问。就算询问对方的感受也远远不及你跟他情绪同步以及回应他的情感更有帮助。

情绪同步需要你全心全意地关心对方，这样他才知道你在关心他。不管他的感受藏得有多深，你都要聆听他的感受。他说："是的，我父母昨晚告诉我他们要离婚。他们还带我一起出去吃饭。我的意思是，我觉得他们关系挺好的。到底发生了什么？我都不敢相信。或许我应该多给家里打打电话，跟他们分别谈一谈，看看发生了什么。"

从他的话语中，你听到了震惊和歉疚，自己仿佛也有了一样的感受。然后你将自己的真实情感变成语言，这不仅仅能反映他的想法，还能反映他的情感。遵循"做"与"不做"列表中的原则。比如你也许会说："你觉得你本该能阻止这一切，你太着急了。"这么说能使他进一步认清自己的感受，对情感治愈非常有帮助。他也会觉得你能接受他的情感，不会觉得你高高在上，也不会觉得你看不起他。

紧接着，他重复你说的话，"是啊，我很着急而且还很内疚，我只想让他们不要离婚，想一切都跟以前一样。"他越来越意识到自己所说的那个家已经一去不复返了，也知道父母可能有和他不同的感受。他不得不接受这个现实。

面对危机时的"情感联结"

当你跟别人关系亲密时，难免会和他一起经历某些重大危机。当危机来临时，你的处理方式会决定你们的关系是变得更紧密，还是到此结束。在朋友遭遇重大危机时，跟他一起面对的你有时也会感到很心碎。但如果你运用"情感联结"技巧帮他渡过难关，这样不仅会加强你们之间的关系，还会帮你治愈被低估的自己。

谈到十分痛苦的事情时，情绪同步是最重要的。在下面的对话中，你会看到情绪同步的重要性。注意，起初双方都认为这是个小问题，但其实保罗正在面临一次人生危机。正因为桑德拉不仅能和保罗情绪同步，还善于聆听和回应才发现了这个问题。

桑德拉：你工作怎么样？

保罗：我很想辞职。

桑德拉：有这么糟糕吗？

保罗：都是因为我的老板。

桑德拉【听到保罗声音不对劲儿】：你听起来被老板弄得很惨。

保罗：是的，最糟糕的是我无法脱身，也没办法辞职。

桑德拉：你感觉自己无法脱身，这听起来很可怕。

保罗：是的，我很遗憾自己没办法找到别的工作。

桑德拉：你找不到工作吗？

保罗：我的工作技能生疏了，没有公司会争着要我了。

桑德拉：天啊，你真的感到很绝望。

保罗：是啊，很绝望。

桑德拉：你会感到抑郁吗？

保罗：抑郁？我猜是的。我睡不着觉，吃不下饭。最重要的是，我跟菲利斯闹矛盾了。我怕她会离开我，但有时我又想大不了分手算了。

桑德拉：你在考虑放弃。

保罗：是的，我真的不想再继续了，你知道我说的是不想再活下去了。我不敢相信自己竟然说出这句话。太愚蠢了，忘记我说的吧。

桑德拉：我能理解你的情绪低落和羞愧心理。任何人碰到这种压力，心情都会低落的。老实说，我很高兴你能把这些告诉我。你如果都不能跟我倾诉，那我们还算什么朋友呢？

保罗：是的，我很惭愧。你说的对，我们一起经历过很多事，只是……我觉得自己很没用。

桑德拉：听起来你已经不知所措了。听到你这么说我真的很难过，你肯定过得非常艰难。

保罗：至少我还能跟你说说话，谢谢你。

桑德拉：不客气。我很感动，也很高兴你能讲出来。很高兴我的倾听能帮到你。

保罗：也许人脉是最重要的，我应该想想有没有人可以帮我介绍个工作。

桑德拉：有一点儿希望了是吗？

保罗：也许吧，我应该在辞职之前开始找工作，四处打听打听。你呢，最近怎么样？

桑德拉：很高兴你这样问我，你是为了转移话题才这么问的吗？

保罗：嗯，一直在讲我的事，好像不太礼貌。

桑德拉：你还记得去年3月份我跟帕特分手了吗？那时候你一直倾听我的烦恼，帮了我很大的忙。所以你现在可以把想说的都说出来，你很少这么难过的。

注意桑德拉是怎样帮助保罗的：

- 她一开始没有说类似这样的话，"是的，我有时候也很想辞职。"而是继续往下听。

- 她说的几乎都与感受有关。尽管她认为弄清事情原委能更好地帮助保罗，但她没有问跟具体事实有关的问题（"你老板这次干了什么"），或者提建议（"我要是你，我早就辞职了"），或者表达想法（"现在的公司都不想承担责任"）。她跟随保罗的感受进行深入的交谈，从而了解他内心的感受。
- 因为她的倾听，保罗说出了想自杀的念头，这点绝不能忽视。但桑德拉没有接这个话茬。她可以把这个放到后面再谈，建议他去寻求专业帮助。有时我们说想死只是想表达内心的无助，这也是极度自我低估的表现。
- 她再三肯定保罗的情感是正常的，也想聆听他的感受。确实，感到羞愧的人往往对生活很绝望，他们会觉得没有人关心自己。
- 她偶尔也会抒发自己的感受，但这么做是为了让保罗知道，她没有批评或要抛弃他的意思。
- 她注意到保罗的情绪发生了积极的转变，但并没有夸大这种转变。
- 他曾因为羞愧而转移话题，但被她阻止了。

接受对方跟自己情绪同步

在沮丧时，我们要学会接受别人的帮助，这跟增强联系和帮助别人一样重要。如果你隐藏自己的感受，你们之间的关系不会维持不变，而是会慢慢变得疏远。如果你相信一个人，却不愿意对他敞开心扉，对方就会觉得你跟他生分了。就算你不说出来，他也能感受到你的心情。不要觉得让别人了解你的情绪是自私、麻烦别人的表现。设身处地地想想，如果你愿意跟他一起分享他的情感，他为什么不愿意分享你的呢？如果你们很关心彼此，那么分享情感会让你们彼此感觉良好，你们的亲密程度也会得到加深。

有些朋友能很快察觉到你有心事，其他人则可能需要些提示才能明白。有可能别人没能领会你的暗示或者他的注意力不集中，但这并不是对你缺乏兴趣的表现。也有些人天生比别人敏感。给他一个机会，"我们必须好好谈谈。"如果他迫不及待地给出建议，你可以说："我很感谢你，但我希望你能听我说一说，这对我来说很重要。"还有，想哭的时候不要忍着。哭是你表达痛苦的最明确的标志。让你的朋友来安慰你，虽然这会有点尴尬，但却能很好地检验你们之间的信任程度。

最重要的是，如果有些悲痛是由被低估的自我引起的，你可以试着接受朋友们的关心。无论你有任何疑问，你都可以询问他对你们的谈话或者对你有何感受。你可能心里知道他的话能让你立刻安心，但被低估的自我还是需要亲耳听到这一点。如果你无法相信他的保证，请大方地说出来。这是"批评者"或是"保护者—迫害者"在作祟，它们不想让你相信他。如果你的朋友知道了"保护者—迫害者"和被低估自我的存在，告诉他他可能会遭到什么样的攻击。当有人关心你时，你就不应该相信"保护者—迫害者"的规则，而是要尝试打破它们。

分享成功

研究表明，两个最亲密的人能真心祝贺对方的成功。[5] 这就是格里所做的。

马克斯：我不敢相信我的业绩审查结果这么棒，我升职加薪了。虽然之前停工修整，但我总算有些成就。

格里：你说"有些成就"？我想说你太棒了。真是天大的好消息，我为你感到高兴，你现在肯定想大显身手。

马克斯：是的，我很吃惊，我为此付出很多努力，但是……

格里：你工作这么辛苦。但是什么？

马克斯：你知道我有很多朋友都被开除了。

格里：你会觉得过意不去吗？

马克斯：可能吧，不，不完全是。【笑】我只是开心过头了。

格里【也笑了】：我能想象，升职简直太棒了。

为朋友的成功感到喜悦，这是巩固你们友谊的最佳营养品。但如果你因此而产生了嫉妒心理，或因为朋友看起来比你出色而低估自己，你会怎么样呢？你是否会运用"自我膨胀"的保护手段，把朋友的成功贬得一文不值呢？研究表明，如果同一领域的两个人不将对方视为竞争对手，他们反而更能享受到彼此成功的快乐。[6]当你的丈夫成为销售冠军时，你获邀去参加他的庆功宴，你可以想象他的奖章和你获得的"最佳舞伴"胸章放在一起，这多么令人骄傲。

记住细节，表达你的爱

假设你要跟朋友一起吃午饭，在跟他见面之前，想一想他最近有没有发生什么事情。他在找新的公寓吗？还是忙着照顾生病的母亲？还是刚从伤病中恢复过来？他上次是不是说他妻子怀孕了？有些人知道自己会忘记这些细节，所以在交谈过后甚至会把这些都记录下来。记住对方的细节能让别人感受到你的用心，增强你们之间的"情感联结"。

还有，我们要善于表达自己的爱，说出心中的感受。比如说："我现在能想到十几个珍视我们友情的理由。"你如果想跟一个人在一起，只要他不反感，你可以经常说，"你知道吗，我很喜欢跟你聊天""我很期待见到你"，或"我想让你知道我有多关心你"。如果感觉对了还可以说："再见，我爱你。"

找时机增进情感

你如果很重视某段关系，一定要找机会增进彼此之间的感情。我一再强调牢固的、丰富的、有回应的亲密关系对治愈自我低估的重要性。

约别人见面。你如果属于"回避型不安全感"类型或者发现自己被"保护者—迫害者"控制，一定要主动跟你的朋友保持联系。你们可以商量一下多久见一次。然后在日历上标注你们下次见面的日子。

> **写下"一定要做"的清单。** 如果一个人想要增进和某人之间的情感，他一定得参加对对方来说意义重大的活动，比如说朋友的婚礼、毕业典礼或者其他庆祝会。如果有朋友需要帮忙，你要重新安排自己的行程，以他为重，即使他需要你漂洋过海去帮助他。不要把什么事情都看得太重，这会让你感觉疲惫。当然你无法为每个人都做这样的牺牲。如果你心里有一串名单，那么做起决定来就会很快，也会很容易。如果名单上的人需要你的帮忙，或他们碰到人生大事时，你会不顾一切地帮助他们。你需要持续更新那张名单，这不是在给你的朋友们排名，而是在承认他们是你最重要的人。

当"情感联结"失效时

在第四章中你已经学到：想跟人亲近却遭到拒绝并不都是自己的错。这是很重要的一课。如果一个人在尝试建立联结的过程中失败了，他会有一种挫败感。被低估的自我很容易被此引发，将你打回"社会比较"模式。你可能以后都不会主动接近别人，因为被人拒绝会给你一种自己比别人差的感觉。你甚至可能都没意识到这一点，但你没准已经暗下决心，要小心应对将来可能会拒绝你的人。

当你试着跟别人拉近距离，对方却拒绝了你，整个事情会变得更加微妙。或许你想跟他变得亲近，但他却不着急，或者你觉得自己完全没搞清楚对方的想法。这比被一个陌生人或者熟人拒绝要难受得多。你可能决定要少一点儿互动，少关心对方一点儿，从现在开始和他变成"表面交情"，但被低估的自我仍然控制着你。

你认为别人拒绝你是因为不喜欢你这个人，但你忽略了一点：问题也可能完全出在对方身上。假设你刚认识一个朋友，在你第二次邀请她共进晚餐的时候，她拒绝了你。原因也许是她没有时间经营一段亲密关系，而不是不喜欢你。

当你想要关系进一步发展时，你可能会碰到无意识造成的各种障碍。虽然表面上看起来像是被别人拒绝了，但其实完全是另外一回事。有可能在无意识中，你引发了别人的某种自我保护手段，比如你哥哥说他最近遇到一个问题，你尝试跟他情绪同步，但你的回应却让他羞愧。然后他说"其实并不是什么大事"（弱化自我），或者"你又来了，老以为自己是心理治疗师"（责怪他人），或者"这对我来说不是什么大灾难，但对你来说好像是"（投射）。

有时你会面对对方的"回避型情感依恋"模式，比如，"我不需要任何同情"或者"我们换个话题"。在这种情况下，你们两个会在"亲密关系"应该有多亲密的问题上存在根本分歧。回避型情感者想听到对方的承诺，这能带来安全感，但他却不想拥有随之而来的亲密关系。

你也可能会碰上对方的某种情感图式。有一次，你的朋友在接完他母亲的电话后感到很苦恼，你想跟他谈谈。但意外的是，他充满敌意地对你说："你为什么老是在我焦虑的时候提起我母亲？是不是因为她以前老是打我，你就觉得她是个怪物？"

最后，你还可能会跟朋友身上的"保护者—迫害者"打交道。"保护者—迫害者"会不惜一切代价地阻止他跟人发展亲密关系。如果你的靠近遭到他的拒绝，你要明白是对方的问题，不要因此而低估自己。也许最后是你放弃了让两个人关系更进一步的机会，但不要让"被低估的自我"蒙蔽你——以为别人拒绝你是因为你不够好。

学以致用

下面有一个很长的清单，但是你不需要一次做完所有内容。

1. **决定你想跟谁变得亲近**。回看这一章开始时两个圆圈重叠的那个练习，选择你想跟谁增加重合面积，不管是你刚认识的人、第一次见面的人、亲戚，还是一个老朋友。
2. **计划一起做件事**。试着挑选一个非比寻常的活动，或两人共同参加一次挑战，这能让你们变得更亲近。
3. **进行一场充满激情的对话**。让对话像打网球一样有来有往。如果对方的谈话技巧比较差，你可以试着放慢节奏。对话机会要均等，还要让它充满能量与智慧。
4. **亲密的分享会让你们变得更亲近**。从谈论他人的想法，到表明你对对方的感受。按照下面这些步骤：先谈论对方过去的感受，然后再说说他现在的感受以及想法；继而是你以前对对方的感受，最后是现在对他的感受和看法。

5. 下次在他有压力或心烦意乱时,跟他情绪同步。遵照"情绪同步中的'做'与'不做'"列表(见第244~245页)。

6. 下次在他成功时要跟他情绪同步。注意你是否有嫉妒心理,尝试维持"情感联结"的关系。

7. 如果对方做的某件事惹恼了你,请说出来。但尽量不要让对方因此而感到羞愧。

8. 下次你再碰到令人头疼的问题时,尝试跟别人倾诉。如果需要的话,你可以向对方诉说你的烦恼以及感受。也许可以参照"情绪同步中的'做'与'不做'"列表(见第244~245页)。

9. 反思自己有没有一段失败的关系让你低估自我。对于失败原因,你现在有没有新的看法或认识?现在想起那件事,你能否做到不再小看自己?

第八章

稳定的亲密关系:
最后一味治愈良药

第八章
稳定的亲密关系：最后一味治愈良药

在上一章中，你已经学会如何增进你跟他人之间的关系，并达到深度亲密的程度——即本书中所定义的爱。本章最主要的目的是：维护这份爱。即使我们现在还没遇到爱情，还未和另一半互许终身，这章的内容也仍然很重要。现实生活中有很多不同程度的承诺，也许我们希望将来有一天会互许终身。如果是这样的话，不妨尝试第四章和第七章中描述的方法。我把"忠贞的爱情"定义为共同生活或保持亲密联系，不管双方遇到何种艰难险阻都愿意互帮互助。记住，尽管这章主要关注夫妻关系，但讲述的内容同样也适用于亲密朋友或亲属关系。

这是你阅读旅程的最后一章。爱情除了会给你带来很多美好之外，还会对被低估的自我有深远的影响。如果你已经被"社会比较"淹没，你应该投向爱情的怀抱。爱情治愈创伤的疗效是无可替代的。忠贞的爱情是唯一能带给你安全感的东西。在忠贞的爱情里，你是被对方珍视的那一个，不管任何时候他都会支持你。至今为止，你从未被人抛弃或虐待过，你可以开始相信，自己以后也不会受到那样的对待。每段关系都会有它的问题，但你正在学习用加强"情感联结"而不是"社会比较"的方式来解决它。即使你们不住在一起，而只是想着对方，这个人也已经成为你现实生活中的一部分。他对你的爱是真实存在的。

通过增强"情感联结"来保护爱情

矛盾的是,跟没那么亲密的关系比起来,忠贞的爱情更容易强化"被低估的自我"。你跟一个人越亲密,许下的承诺越多,你们之间的冲突、自我保护手段、小时候的不安全感、被激发的情感图式,以及"保护者—迫害者"防御机制出现的次数就会越多。所有这些都会增强"社会比较"。而随着"社会比较"越来越多,你们互相许诺的"情感联结"就会越来越少。不管你说多少次"我爱你",你们也会因为爱情中谁更占主导地位的问题而吵架。这绝不是一个健康的爱情状态,这样会很容易激发出"被低估的自我"。所以让我们一起来看看,怎样才能保护爱情。通常最好的方法就是增加"情感联结"。将"情感联结"当成你们拥有的一个银行账户。为了避免冲突和争斗,你们需要通过取钱的方式来解决问题。但除了减少取钱次数以外,你还可以通过存钱的方式让自己变得富有。

利用爱情带给你的自我膨胀感

根据我丈夫和我的研究发现,存钱的最好方法就是提升你在亲密关系中的自我膨胀感。虽然自我膨胀听起来很自私,但它却指出了一个事实:和爱的人在一起时,你会感到内心在不断膨胀。[1] 你分享他的观点、宝贵思想、社会地位、个人需求以及资源。当恋爱中的人感觉自己"站在世界之巅"时,这就是自我膨胀带来的一种美妙感受。你感觉自己好像能看到世界的每个角落。恋爱中的你走路都能挺直腰杆，觉得自己变得很厉害。自我低估的感觉也会随之消失。此时是"情感联结"最强的时候。

如第七章中所说，当一段关系开始往深处发展时，你会产生这种膨胀感。如果这种感受发展迅速，你会有很强的兴奋感。随着彼此越来越熟悉，膨胀速度会慢慢下降，需要相互了解的东西也会越来越少。也许你会开始寻找两人比较舒服的相处状态，这时的你远没有自我膨胀时的兴奋感，甚至会觉得无聊。你如果抱怨生活无趣，"被低估的自我"可能会再次出现——你觉得你们之间的关系变得很平淡，不像其他情侣那样甜蜜。

交谈带来的自我膨胀感

一起保持自我膨胀感的方法就是分享彼此身边发生的事情，主要是一些不同寻常或极其有趣的事情。你甚至可以问问他："今天有没有学到什么新东西？"这问题乍听起来似乎难以回答。但如果换成："今天过得怎么样？"他可能就会说"又是倒霉的一天"或是"跟昨天一样"。

要想让对话带来自我膨胀感并不是什么难事。想想你跟老朋友或老搭档之间的对话就知道了，有些对话似乎让你们之间的关系重新焕发活力，使你们的情谊变得更深、更广、更有生命力。想想你们都聊了些什么，哪些内容最能让你拥有自我膨胀感，你是否能将其复制。

这些对话通常会跟亲密关系和情感有关，也跟当时两人的状态有关。而且经过第七章的学习，你也知道一些谈话技巧。但如果你们更喜欢智力对谈，同时你们都对谈论的话题很感兴趣、很有热忱的话，这样的谈话会显得更加激动人心。每天早上，我和我丈夫醒来的第一件事就是在被窝里聊天，起床之后我们也会接着往下聊。谈话通常会碰撞出新的火花，这让我们感到很兴奋。兴奋的原因往往与我们研究的心理学有关，发现新视角会让人很开心。不是每个人都会因为交谈而感到亲近或有趣，但对我们夫妻俩来说，这些谈话为我们的爱注入了新能量。因为它提醒我们，通过了解彼此能让我们拥有足够的自我膨胀感。

共同参加活动带来的自我膨胀感

交谈并不是增进情感的唯一方法，而且我们不要一直依赖这种方法。我跟我丈夫一起做了很多实验，目的在于研究"参与新奇且有挑战性的活动对夫妻关系会有何影响"。在实验室里，我们邀请了几对夫妻作为实验组，来进行些简单的活动，比如参加一个考验身体灵敏性的比赛——夫妻两人的手脚会绑在一起，合作把球推过障碍物，看哪对最先完成。实验室外的其他时间，我们会要求这些夫妻每星期抽出两个小时，去做一些新奇刺激、有挑战性的事情。相反，对照组的夫妻会做一些轻松愉快的事。结论是，在所有的夫妻组中，只有参加新奇刺激活动的夫妻们，感到双方关系变得更加亲近了，他们也更加满意相处的状态，更爱对方了。同时，他们也变得更爱自己了。正是这些相处的经历让"被低估的自我"毫无

施展空间。²

当然,你需要挑选一个适合你们俩人的活动。有些夫妻想一起学滑翔运动或者潜水,另外有些人会选择听音乐剧,或去游乐园玩耍。结合你们俩的爱情关系,考虑下哪些新奇刺激、有挑战性的活动比较适合你们。

亲密的肢体接触

每个人都想靠近自己喜欢的人,这是人的天性。当他或她不在自己身边时,我们会想知道对方在哪里。我们会时不时地想要触碰对方,或者被对方触碰。如果你们很享受这种触碰,"情感联结"也会更令人满意。

当双方都渴望亲密接触,并且时机合适时,亲密行为比其他任何行为都更能增进情感。当两人的恋爱状态达到顶峰时,他们会想跟对方发生性行为,知道对方的一切,满足对方的需求。性生活的和谐会帮助治愈"被低估的自我",因为它能极大地降低你的羞愧感。你可能会像很多人一样,对自己的身体、性吸引力、性冲动感到羞耻。这些抑制会让你感到性欲是不好的。而令人舒服、充满爱意的性交能减少这种羞耻感,因为你的身体和性欲在另一半的眼中是很美好的。在到达性高潮的过程中,通常会有一个时刻让你忘记一切,只感受到自己的需求和快乐,而且对方也接受并享受此刻的状态。

当一方想发生性行为,而另一方不想的时候,如果前者表现出耐心的一面，这也能够增进双方的情感。相反，如果后者仅仅为了满足前者的要求而发生性行为，那么这便不是什么好想法。尽管满足需求是爱的体现，但如果其中一方并不情愿的话，两人的关系会慢慢变成"社会比较"。后来他对性行为上瘾，而你则因为性生活太频繁失去了欲望；或是你觉得时机不对，心情不爽。你甚至会想是不是自己哪儿出了问题？同时，你的另一半会觉得你对他或她没有欲望，你们俩都陷入了自我低估的情绪中。

如果这些事真的发生了，最好由性欲低的一方采取主动。你如果恰好是那一方，通过这种做法，你的性欲会回归到自然状态。当你提出要跟对方发生性关系时，你的伴侣会很开心。他会觉得你是真的爱他，而不是心不甘情不愿。

爱的交流

两个很亲近的人会在通话结束前互说"我爱你"，或把这三个字写进邮件里。我们会经常说"我爱你"，但两个粗犷的汉子可能很少说"我爱我们的友谊"。我们经常忘了告诉对方，自己到底喜欢他或她什么。直接告诉对方你喜欢他或她哪一点，也是加强"情感联结"的方法，还能帮助你治愈被低估的自我。

在一次长途旅行中，我和丈夫在车上玩了一个"对方有什么优点"的游戏——列出我们最喜欢对方的十个优点。那之后，我们又采访了一些人，提问到底是什么让他们爱上别人。有人提到是因为对方身上有可贵的品质，也有人说是发现对方喜欢自己的同时爱上了他。令人惊讶的是，这么想的人还为数不少。[3]别人对你有好感说明你并不是单相思，而且他不太可能拒绝你。此外，研究还发现，别人对我们的爱会帮助我们治愈"被低估的自我"。只有当我们的优点被别人发现时，我们才会承认它。别人爱的不是我们的地位，而是美好的品质，以及拥有这些品质的我们。

不要让"社会比较"一直存在

人在自我低估时会习惯性地看到"社会比较"的存在，这常常会对爱情产生威胁，尤其当你觉得对方瞧不起你或控制你的时候。但你要知道事实并非如此。比如你爱上了某个男生，但他从来不回你短信。他跟你保证他什么人的短信都不回。你知道他说的是真话，但你会回他的短信。他说他爱你，他是这么想，也是这么做的。但当你想跟他说话，给他留言时，他却没有任何回应。你很轻易就感受到他是在控制你们之间的关系。而且你也会认为他的时间比你的更宝贵，他的地位更高。

如果别人的行为让你产生"社会比较"情绪，你能做些什么呢？第一步就是跟他确认，说出自己的感受，也问问他想让你产生什么样的感受。如果他就是这种人，至少不要让他经常这么做。如果你的要求造成双方冲突，问他是否愿意遵循后面的方法来解决问题。具体的步骤稍后会提到。

当你感到被利用时

如果你一直付出却没有得到任何回报，你会感到自己的地位在下降。刚开始的时候你觉得付出多少就会收获多少。但爱情，甚至友情，都意味着要一直陪在对方身边，"不论好坏，不论疾病或者健康"。当对方需要你长期的付出时，你可能会感到被人利用。你不应该为此感到羞愧，但你也不要直接告诉别人自己有被低估的感受。因为这样直接的表达一定会让对方感到丢脸，从而激发他们的自我保护手段，比如责怪他人："我从没要求你为我做这些。你如果心有怨念，从一开始就不应该答应帮我。"

有时想想对方的付出，你就不会再有被利用的感受。如果这么想依然没用的话，那你就需要跟对方好好聊一聊了。最好是询问对方："你还需要我的帮助吗？"也许你会发现有些事本来不需要你做，但也可能发现对方很需要你，他的声声感谢会让你所有的"社会比较"情绪烟消云散。如果这也不行的话，你就要表达出自己内心的怨恨，但要以"我"字开头，像下面这样。

"自从你家被盗之后，你每次一听到有奇怪的声音就给我打电话，让我连夜过来陪你。我很高兴能帮到你，你也很感激我。好在你现在没那么害怕了。但是你昨晚打电话给我的时候，我头一次有种——这样很难说出口——被逼无奈的感受。你知道我今天一早还要上班。我想一直给你安全感，但怎样才能既让你有安全感，又能让我有足够的睡眠呢？"

注意这四个句子是安抚对方的：我很高兴能帮到你；你很感激我；好在你现在没那么害怕了；我想一直给你安全感。一定要说清楚只是这次让你感到有点不满，如果对方知道你其实一直都不太情愿，他会变得很羞愧。承认这两点：对方很感激你；他离不开你的帮助。同时你也可以提出自己的需求。

当你感到弱势时

你如果老跟对方比，或觉得自己不配得到对方的爱，你就会感到"社会比较"的存在，虽然它其实并不存在。你觉得自己没有对方聪明，没有他受欢迎，心理没他健康或者在其他方面不如他。你如果一直有类似的想法，那么它们可能真的会变成现实。你会变得焦虑不安，经常受挫，甚至无意中也让对方产生轻视你的心理。本书的目的就是要减少你的这种自我低估的感觉。这时，你就得尝试切换到"情感联结"模式。别忘了，对方最喜欢你的一点，可能是你对他的爱。你能看到"情感联结"的价值吗？如果不能，那就把自己的无价值感拿来讨论，而不是真的认为自己没用。不要让"被低估的自我"成为你的代言人。如果你无法相信别人善意的宽慰，那就找机会跟信任的人谈谈你的弱势心理。

收入差异是造成夫妻关系不平等的最大原因之一。[4] 为什么收入差异会造成关系的不平等？我们所处的社会文化如何看待这种不平等？这两个问题决定了收入差异是否会成为一个障碍。在过去，女性的身份通常是家庭妇女、全职妈妈，没有收入来源。女性几乎没有平等可言。很多文化会固定形成这样的看法：如果一个男人靠女人吃饭，不但会被看不起，还会被认为不配做男人。你如果和伴侣之间的收入有差距，就算是在现代社会，你们俩也需要通过努力来消除彼此间的"社会比较"倾向。

还有一个你觉得配不上对方的原因是，你的性格太偏激，跟所处的文化格格不入。称得上正常的性情其实有很多种。我在第三章中提到过一个特征——高度敏感。有些人生来好动，或者精力充沛、墨守成规、无聊至极、性格张扬、沉默寡言，等等。每一种文化都会支持某类人，不太容易接纳其他人。如果你有点另类，也不要就此认为自己低人一等。

当两个人刚认识，还不是很熟的时候，他们都会被彼此身上的与众不同或者"怪异"之处所吸引，觉得他或她很有魅力。可能从某种角度来看，一个人的出现甚至会使另外一个人变得完整。有些人在工作上需要拥有清楚的逻辑判断能力，但他们不工作时，通常喜欢和那些冲动不讲理的人待在一起。同样，举棋不定的人遇到问题时，会感恩身边有冷静理智的人帮助他。

但随着时间的推移，你们之间的差异会越来越明显。有些怪癖会让对方感到厌烦，或让他为难。如果你特立独行或难以被社会接受，大家都会认为是你有问题。要多了解自己的性格特征，说服自己它既有优点，也有缺点。把这些都告诉对方，并强调自己的优点。但说这些的时候要注意措辞，因为你这么做相当于暗示对方，他也有做错的地方。

当你感到强势时

有时候,"比别人厉害"(不管是整体都很强或是某一方面特别突出)听起来是件好事。但它毕竟属于"社会比较"的范畴,会妨碍"情感联结"的发展。还有,如果你觉得自己处处都比对方厉害,比如你看得懂复杂的地图,你也不是色盲,那么这通常意味着你不尊重对方。而如果你不尊重他,你也很难真正爱上他。你可能感觉自己不是真的爱他,为他做的所有事都是迫不得已;或者其实你想结束这段关系,但因为怕他伤心才没这么做。

你也许认为容易自我低估的人不太会有"高人一等"的感觉。但如果一个人低估自己,那就意味着他处于"社会比较"模式之中。而从"低人一等"变成"高人一等",对处于"社会比较"模式中的人来说并不是什么难事,尤其当你使用"自我膨胀"手段的时候。比如在你感到低人一等时,为了不示弱,你会说:"好吧,能拥有我是他的福气。"你会这么说是因为你经常与他人进行比较,包括你的伴侣。如果你已经习惯了"社会比较",那么一旦看到自己比别人厉害的地方,你都会立刻指出来,显得自己高人一等。对于了解的人,你很容易发现他们的缺点,而你会因为自己没有这些缺点产生一种优越感。

试着不要跟亲人、爱人,还有对你好的人比来比去。想想你爱他们的原因是什么。如果他们身上的缺点(不管这些缺点是真是假)使你产生优越感,你要告诉自己每个人都会有怪癖,你也一样,这是每个人的特色。当你们俩一起出去玩,你不要害怕对方的缺点会给你丢人。

亲密关系里的冲突

关系越亲密,冲突的可能性越大。比如时间、金钱或者所有物的分配等都会造成冲突。冲突的结果会分出谁更有发言权,影响力更大。相比不那么亲密的关系而言,亲密关系中的失败更容易激发出"被低估的自我"。

表面上没有冲突

如果有一方做出妥协,那么冲突就不会发生。而如果做出让步的是你呢?如果你一直在退让,那么从现在起,你必须停止这么做。让步容易助长"被低估的自我"。更进一步说,这样做会让你变得很卑微,影响你们真正的"情感联结"。学会解决冲突的前提是要让自己保持在"情感联结"模式中。我们要学会尊重自己的需求。在特定情况下,如果对方的事情很重要,你可以让步。但你不能觉得自己的退让是理所应当的,继而一味地让步。

通常那些低估自己的人,会使用"不竞争"手段来应对亲密关系。他们料定自己会失败,或担心战胜对方会让对方讨厌甚至离开自己。如果你有这样的想法,那么你的恋爱关系中会掺杂进许多的不平等。你要做的是进入"社会比较"模式,纠正错误的关系。你需要建立起自己的界限，"我能给你的只有这么多"。慢慢地，等你们建立起相互的尊重，再来尝试我提供的解决冲突的方法。

艾弗里做了一个决定

艾弗里和路易莎结婚将近40年，家里所有事几乎都是路易莎说了算。艾弗里对此没有任何异议。他觉得妻子聪明能干，而且很爱他。就算对天天互说"我爱你"的夫妻来说，他们的亲密关系也不一定总是建立在"情感联结"之上的。在这个案例中，路易莎因为童年的创伤而十分缺乏安全感。所以她需要在某种程度上控制艾弗里才会觉得有安全感，她认为只有这样老公才不会"跟别人跑掉"。随着路易莎年龄越来越大，她觉得自己的吸引力越来越不如年轻的女性了。

不幸的是，他们夫妻俩都没意识到，一段建立在"社会比较"之上的亲密关系会有多危险。工作了35年的艾弗里，最近被公司解雇了。而路易莎的工作表现很不错，她希望老公"退休，好好休息，让我来支持你"。这听起来是很爱他的表现，艾弗里也接受了这一决定。但在几年前的一次领导力培训中，艾弗里发现自己有很强的艺术天分，于是他开始玩起了摄影，路易莎也十分支持。但等到后来艾弗里决定报名摄影课，继续挖掘自己的天赋时，路易莎却强烈反对，可是艾弗里十分坚持。那段时间，路易莎像变了一个人，跟魔鬼一样。艾弗里现在回想起来，过去他几乎事事都听路易莎的。他自认为这是爱老婆的表现，但现在艾弗里发现自己已经厌倦了顺从。

最后他们接受了夫妻情感咨询。路易莎承认她怕艾弗里在摄影课上遇到比她更懂艺术、更漂亮的女性。这样的坦诚反而加强了两人的"情感联结"。但如果艾弗里没能理解老婆想要控制他的原因，这次冲突很有可能会结束他们的婚姻。

妥协开始得如此自然

家庭生活教会我们，爱一个人就要放手，这是尊重并且关心他人的做法。我也说过，"情感联结"意味着要尽可能满足对方的要求。但对内心有很强自我低估情绪的人来说，他们很难分清真正的需求和欲望。真正的需求是给予和接受双方都觉得它很重要。如果一方生病、失业、受伤或面临其他危机，另一方就会付出和给予。这里没有任何分歧。但欲望就没有需要的东西重要了。欲望是一种情感现实，表明你对某样东西有或多或少的冲动和渴望。

如果两个人想法不一致，冲突就会产生。但自我低估往往会使你觉得自己的需求不重要。也许你真的需要某样东西，但你却把这种需求当成欲望，没有继续争取。

这种困惑很容易产生，尤其当你有一个非常执着的自我低估的念头时。比如你们的关系发展迅速，双方对所有事情的看法几乎一致，也会欣赏彼此的不同。于是你们决定同居。有天晚上，你想去听场古典音乐会，但他没兴趣。你其实可以自己一个人去，但他又不想一个人待在家里。于是你说："反正这场音乐会也没那么重要。"然后你就待在家里陪他。整个晚上他都过得很开心，最后他问你：

第八章
稳定的亲密关系：最后一味治愈良药

"你今晚为什么闷闷不乐？"你没有意识到自己的悲伤情绪，所以你也没有表达出来。其实你等了一年才等来这场音乐会，但没去成，你感到很伤心。这就是这件事带来的情感现实。

后来，你们订婚了。一开始你们生活在美国西海岸地区，这是你出生的地方，他也很喜欢这里。但是他成长的城市在另一个地方——新英格兰，他提出想要回那里定居。你同意了，过了两年，你还是很想念你的家乡加利福尼亚，这就是情感现实。但现在大部分的事情都由他来做主，你也默认同意了。所以当你提出搬回去时，他没有像你当初为他妥协那样，同意你的要求。

你感到沮丧，也有可能是焦虑，但你不太清楚自己为什么会有这样的感受。实际上你为了保护你俩的爱情，牺牲了自己，不管这样的牺牲是否必要。你没意识到造成情侣间"社会比较"的原因其实在于你的妥协，你也没能意识到你们都应该正面应对冲突，看看谁的欲望更强烈。情感现实是如果把你们俩的欲望值按1到10来打分，你想搬回西海岸的欲望值是10，而他的欲望值是3。如果你的未婚夫恰巧也读过这本书，并且想让你们俩的关系变回"情感联结"模式，跟你好好相处的话，你的愿望是有可能实现的。但他的口才很好，说服能力和逻辑能力都很强，所以这也是你很难争过他的原因之一。你必须努力扳回劣势。

假如两个人都互相妥协会怎么样呢？结果也不一定更好。因为两个人都不提出内心的要求会让这段关系变得淡而无味。而当你决定满足或至少聆听对方的需求时，你会有一种自我膨胀感。你甚至会为自己尝试了一些不同的东西而感到高兴。

如何应对冲突

不同的需求会导致两个人之间发生冲突,此时我们要学会用平等和爱来化解它。下面提供了一个解决方案的流程。

1. **约定时间谈一谈**。不要妄想一次性解决问题,尽管这是有可能的。如果你想在某个具体时间之前做出决定,约谈的时间一定要尽早安排。挑一个两人都休息,而且不会分心的时间。讨论完之后还要留点自我思考的时间(一个小时正好,这样你既不会感到疲累,也不会在刚刚谈到重点时就被打断)。建议选择户外,这样除了能让你们视野更开阔以外,还不会被人打扰。

2. **一方说完,另一方才能开始**。根据事情的紧急和重要程度决定谁先开始陈述,陈述时间为5~10分钟。如果你先开始,要讲讲这次冲突带给你的感受。表达感受一定要诚实,不要有任何的遮掩或者夸大。如果谈到伤心处可以哭出来,另外还要讲讲愿望得不到满足会令你产生怎样的感受。你的感受就是情感现实。双方的感受都要列入考虑范围之内。

3. **一方说的时候,另一方主要是倾听**。不要打断或反驳对方,要一直遵照"情绪同步中的'做'与'不做'"列表,这是在第七章里提到的(见第244页)。然后回到选择新英格兰还是西海岸的问题上来。未婚夫可能会说:"所以你其实比你表现出来的还要痛苦，除了它是你的家乡，气候环境好之外，你更怀念那里的绿草如茵，生机盎然。"你抱怨这里的冬天，他也承认："这里太偏北了，天黑得很早，你肯定不喜欢。"倾听者在聆听时可以做点笔记——不要太多，记下想要回应对方的话。但记笔记不应该妨碍他跟你情绪同步，而且这些笔记只能在轮到他讲话时才能被使用。

4. 另一方开始陈述，讲他自己的家乡，以及他对家乡的所有情感。不要打断他，跟他保持情绪同步。你可以做一些笔记，知道后面要怎样回应，但不要记太多。

5. 如果他要回应你的话，多给他两分钟时间。当你在说的时候，他没机会回应。他也许会说："我也很爱加州，你貌似觉得我不喜欢那里。"或者他会说："我会想念家乡四季的变换，还有我的家人。就跟你会想念你的家人一样。你知道我跟我的家人关系很亲密。"

6. 现在轮到你花两分钟时间，谈谈对他说的话有何感受，这时他又变回倾听模式。"你刚说到你的家人，我也会很想他们。但我父母都在加州，年纪也都大了，我陪不了他们多少年了。"这几分钟的回应是自由交谈的时间。这种受到时间约束的讨论需要些忍耐力。

7. 各自冷静20分钟。谈完之后，你们需要各自独处一会儿。想想刚刚都听到了什么，自己又说了什么。想想你们想让对方听从自己的意愿有多强烈——不要考虑这是你的欲望，还是需求。

8. 回来之后，看看事情有何进展。有时一方或者双方冷静之后会突然改变想法。"当然是时候要搬回加州了,我可以每年到秋天的时候,飞回来看我的家人以及秋天的落叶。"如果事情没有照这样发展,重复2到8的步骤,但要缩短每个步骤的时间。可能每人5分钟自我陈述,外加2分钟互相回应,还有15分钟的冷静时间。记住,不要为了急于回应而争吵起来。

9. 如果谈到最后,你们的想法还是相差甚远,就暂停讨论。也不需要再重来一遍。你们可以另外约个时间,记住,在那之前都不要再讨论这个话题。这时冲突会被停留在一个特定时间里,以便你们在"冲突时间"外把关注点放在"情感联结"上。如果按照这个方法进行下去,你肯定会找到解决问题的方法,或者至少找到一种可以与问题共存的新方法。

防止"自我保护手段"破坏爱情

在第二章中我们学过,当使用"自我保护手段"时,我们会将自己置身于"社会比较"模式中——试图逃避挫折、失败带来的羞愧感。羞愧感在爱情中的表现形式与在其他关系中不同,"自我保护手段"也是如此。

如果你们见过彼此最不堪的一面,却仍然深爱对方,那么你们可以许下爱情的诺言。当你害怕对方看到自己身上的某个从未被发现的缺点时,你的羞愧感会增强。但如果爱人接受了最糟糕的你,你的羞愧感就会消失得无影无踪。

尽管我们对有些事不应该感到羞愧，但这点通常很难做到。这一般跟安全感的缺失或者情感图式有关。所以我们可能在亲密关系中使用"自我保护手段"的次数会更多一些。

重要的是，就算做了件很丢脸的事，像是对人撒谎等，我们也可以将其与过去的经历相联系——是过去的创伤造就了现在的我们，这能帮助我们减少羞愧感。诀窍是要把握好两个极端之间的张力：我们有被人爱的资格，但同时我们也需要克服自身的问题。当恋爱双方都能以这样的态度看待自己的弱点时，他们对"自我保护手段"的需求也会越来越少。

减少"不安全型依恋"的影响

"不安全型依恋"是一段关系不能长久的罪魁祸首，原因是它导致"社会比较"取代了原本该有的爱，但你们两个人都被蒙在鼓里。在很小的时候，你就对亲密关系有种不安全感，所以你肯定会下意识地重复同一个"情感图式"。如果你属于"焦虑型不安全感"的类型，你会觉得自己地位低下，对方可能随时抛弃你。或者你害怕被抛弃，却不敢告诉他。如果你属于"回避型不安全感"的类型，你会想要掌握主动权，让自己的地位变得比对方高。你不想承认自己有多离不开对方，这会显得你很脆弱。

幸运的是，忠诚的爱是治愈"不安全型依恋"的最佳法宝。同样，早期的依恋关系会让你觉得某个人会一直待在你身边，爱你、尽全力来照顾你。所以如果一个人的早期依恋关系出现差错，成年之后的他会很难跟别人变得亲密。因为每当确定关系时，他都会感到非常不安。但如果这段关系发展顺利，他会慢慢觉得自己比以前有安全感。

不幸的是，新的不安全感总是会出现——如果你们其中一人死去，这段爱情就会结束。我们都必须面临这个终极问题。就算是短暂的分别也会令相爱的两个人十分煎熬。肢体的亲密接触是内在情感的一种表现，所以分隔两地会令他们很痛苦。看不到、触碰不到对方，不知道对方身在何处，这些都会令人痛苦。这也是大家为什么离不开手机的原因。

相爱的人最怕分别，但这没有办法。每个人都必须承受分别的痛苦。除此之外，过去和未来的不安全感会交叠相加。如果你属于"回避型不安全感"的那一类人，每次分别你都会表现出一副毫不在乎的样子，但其实这对促进亲密关系并无益处。你如果属于"焦虑型不安全感"的那一类人，你很担心你们俩会分手，这样想会冲淡当时感受到的爱意。

有个方法可以帮助我们保持亲密关系，就是我们要承认自己舍不得对方离开，商议好两个人要互相支撑着熬过这段痛苦的时光。但有时"自我保护手段"不允许我们承认或者意识到自己的害怕。我过去曾经历过"回避型不安全感"的阶段——一会儿有安全感，一会儿没有，一会儿回避，一会儿焦虑——我原以为自己很开心，原因是这次丈夫出差的时间比之前要长。当我晚上去机场接他的时候，想着他要回来了，我心里还觉得有点遗憾。但当我看到他向我走来时，我竟哭了。那时我才知道我有多爱他，之前我都一直否认自己的这种情感现实。

如果你缺乏安全感，那么你害怕分别的情绪就会引发"社会比较"行为。离别时，"被低估的自我"让你感到自己非常无能为力。即使离开的是你不是他，你也会有同样的感受。这些会引起你的自我保护手段。就我而言，我会使用"自我膨胀"和"弱化自我"这两招。离别时，你可能会想哭，求别人不要离开你，就像你小时候那样。但眼泪和哀求只会让你看起来更加卑微。所以我的无意识最终找到了自我表达的方法：在我看到我丈夫的那一瞬间，我哭了。

一次离别前的争吵

有时同居的情侣在面对离别的时候，经常会意识不到内心隐藏的情感现实。他们不知道出行会导致双方内心深深的不安。如果你很没有安全感，害怕讨论离别这个话题，"被低估的自我"会帮你展开以下对话。

斯科特：我没有干净衣服穿了。虽然我明天一早要走，但是现在一件能穿的衣服都找不到。【他边说边摔门和抽屉。】

温迪：你想让我把你的衣服都洗好，是吗？

斯科特：哦，我没这么说，我只是气我自己忘记洗了。【现在他已经开始吼了。】

温迪：我讨厌你拐弯抹角的样子。你就是希望所有的衣服都由我来洗。【她的嗓门也变大了。】

斯科特：我没有，你总是把我想成一个大男子主义者。

温迪：以前在家的时候，你所有的衣服都是你妈妈洗的。你认为女人就该做这些事，所以你肯定觉得衣服都应该由我来洗。

斯科特：好，你想听实话吗？我巴不得今晚就走，现在，立刻。我不想听你发这些牢骚。

温迪：走啊，你走了我不知道有多开心。

吵架结束。不管是谁要离开，不管这趟出行的理由有多么充足，亲密的情侣都不想要对方离开。道理就是这么简单，但是温迪和斯科特都有缺乏安全感的情感依恋经历，所以两人把自己的情感埋藏得很深，甚至会用"自我保护手段"来帮助自己。斯科特没有做好出行的准备，也没注意到自己有多不愿意离开温迪，而温迪责怪斯科特抛弃自己，非常生气，所以才引发了这场争吵。

他们这样做完全与各自父母的经历有关。斯科特的母亲在他12岁时就去世了，他父亲"悲伤得疯了"。斯科特对死亡感到非常恐惧——害怕另一半永远回不来，所以他不想把自己心中重要的位置交给其他任何人，害怕看重的人会像母亲离开父亲那样离开自己。在这个例子里，斯科特想早点离开，逃避心中的痛苦。因为他觉得跟温迪分开，就像经历生离死别一样。

温迪的父亲也离开了她们母女，这导致温迪的母亲不得不重新开始找工作。所以温迪在小时候的大部分时间里，要不就是跟保姆待在一起，要不就是一个人待在家。她担心斯科特像她父亲一样离开自己，所以她想先下手为强，在斯科特抛弃她之前先抛弃他。因为温迪的母亲不能阻止她父亲的离开，所以她很担心自己没办法留住一个男人。她气不过自己这么担心这件事。分别对温迪而言，就像输了场生死较量一样严重。

假设斯科特和温迪下定决心弄清楚内心的真实情感呢？他们会坐下来，深呼吸，然后进行下面这场对话。

斯科特：我们怎么吵得这么厉害？

温迪：你要离开我。可我不想让你走。

斯科特：真的？

温迪【开始哭起来】：我想是的。

斯科特【抱着她】：我也不想走，我讨厌你不在我身边的日子，讨厌睡觉吃饭的时候没有你在身边。我讨厌这一切。

他们俩相拥而泣，之后约定好定时通话。他们也会仔细留心自己的行程表，要是一方需要出差，另外一方有空的话可以跟着一起去。

追根究底

拥有长期恋爱关系的人会这样表达内心的情感现实："我爱你，

害怕失去你，害怕你会死去，害怕你不再爱我，我需要你，需要你爱我。"尽管这些句子很简单，但它们都能直达内心最柔软的地方。如果两人彼此相爱，他们会帮助对方承受这些情感，前提是他们不觉得这样说会显得自己很懦弱，也不觉得不说就会使这些情感消失。

当你爱的人承认他不想离开你时，他最想听到你说："我也很害怕，我也需要你，我讨厌跟你分开，害怕再也见不到你，想让你一直待在我身边。"当然，关系十分亲密的人不需要每次都说这么多。如果你爱他，但却并不害怕跟他分离，我们就几乎可以肯定这一点：你已经把害怕的情绪藏到潜意识中去了。因为你不想感到痛苦或害怕，这会显得自己很弱小，看起来太过依赖别人或者很脆弱。你要学会经常表达自己的情感。这样能够增加"情感联结"，也能让你们俩都获得安全感，进而帮助彼此治愈"被低估的自我"。

治愈双方"情感图式"背后的创伤

我们已经在第三章了解过自己身上的"情感图式"，在第四章了解到如果想跟一个人发展关系，我们应该如何弄清楚并处理他身上存在的"情感图式"。最好的方式就是在爱情中处理"情感图式"问题，这样我们才能得到最佳的机会来矫正"情感联结"。

在亲密关系中出现的情感图式会彼此交织到一起，这点非常不利。这就解释了为什么亲密关系中"情感图式"的表现方式都是戏剧性和灾难性的。如果忽视"情感图式"的作用，你们会不停地争吵，越吵越凶，对骂的话也越来越恶毒。而且这种吵架可能持续好几天，最后以一方退出而告终。人的情感是无法控制的，说出的话也难以收回，所以争吵会导致新的创伤出现。"情感图式"的交织无疑是亲密关系的最大威胁，但学会处理并治愈它们能让你们永远在一起。

当"情感图式"交织在一起

我老公喜欢一边说话一边做事，有点像比赛直播的架势。而且身为教授的他知道如何有重点地传达信息。当我们一起铺床、搭帐篷或者做其他事情的时候，他往往会把自己的想法说出来，但这并不代表他在发号施令。比如他会说："现在把那个放下来""把它拿过来""等一下，我还没好"。通常我已经很聪明地把东西放下来或者拿过来，而且我也不会催他。但他每次说这种话都会让我很生气。我感觉自己被他支配着，像是他的奴隶，感觉自己蠢到家了。我为这事发火之后，他也很生气。因为他从来没有要指使我的意思，实际上他很自豪我们夫妻间几乎不存在"社会比较"，而他现在感到自己被冒犯了。

对于被指使，被当成傻子这件事，我的反应很激烈，完全是因为我姐姐小时候就是这么对我的。所以在成长过程中，我时常会感到孤单和难受。我老公是家中唯一的孩子，父母性情都很温和，几乎从不批评他。但他的父母却经常吵架，最后离婚了。所以我老公认为吵架是导致他父母离婚的主要原因。于是当我批评他时，他就觉得我们的婚姻有失败的危险。当我抱怨他指使我，觉得他不爱我时，他也同样觉得我不爱他。在大多数情况下，这些特殊的"情感图式"都不会被激发。只有关系十分亲密的人才会遇到这些问题。幸运的是，我们知道该怎样解决它。同样的，你也可以做到。

如何处理爱情中的"情感图式"

还记得你为了要治愈创伤，跟"纯真"进行交谈的事吗？创伤是引发"情感图式"的源头，而且会在恋爱关系中反复出现。你知道如何对待"纯真"，所以你也知道如何帮助另一半解决问题。在开始之前，重读第三章末尾跟"情感图式"有关的内容，仔细想想自己的"情感图式"是什么样的，当时你已经把它们都记在日记本里了。你深爱的人很有可能是引发你"情感图式"最多的人。

还有，重读第四章末尾关于"怎样处理别人的情感图式"的内容。不要争吵，要保持"情感联结"，不要为了避免冲突而妥协，也不要保持沉默。因为沉默会被认为是同意或批评对方的表现。尤其当对方有严重的自我批评现象时，不要保持沉默，要告诉他："我很明白你为什么会这么想，但是……"听对方是如何回答的，要小心应对他的"自我保护手段"——他这么做是为了掩盖自己的羞愧之情。之后再谈谈他为什么愤怒，以及怎样才能避免类似的情况再次发生。

在爱情中出现的"情感图式"需要特殊对待。当再次谈起之前令对方愤怒的原因时，你要像帮助"纯真"那样帮助他，这是你在第三章中学过的。不仅要联系现在的原因——导火线和如何避免其发生，还要找找过去的原因。这些原因会告诉你"情感图式"背后隐藏的创伤，给你提供矫正"情感联结"的机会。因为他之前受伤的时候没人关心他，所以现在你要给予他更多的关心。就像对待"纯真"那样，在必要的时候你要学会说"不"，这样才能避免再次引发对方的"情感图式"。最后，你要温柔地告诉对方："我很感激你相信我，而且愿意跟我分享这些痛苦的记忆。"

除此之外，你们也想知道彼此的"情感图式"是如何交织在一起的。想想小时候，你的母亲是不是对你很严厉，经常批评你？是不是因为外公对母亲的严格要求导致了她觉得你做什么事总是差那么一点儿？你是不是有个控制欲很强的哥哥，所以你对被男性控制这件事很敏感？而你的另一半会不会因为受到别人的歧视而产生很强的控制欲？

可能你也造成过对方的某种"情感图式"，比如有时你因为嫉妒，对他很无情。想要治愈这种"情感图式"，首先你得承认自己做了什么，并且有想要弥补的心态，以及打算好将来要怎么做。在夫妻关系中，如果一方产生与"嫉妒"有关的"情感图式"，并对另一方造成严重伤害的话，他们会签下保证书，保证不会背叛对方。如果其中一方犯错，他或她会在 24 小时之内主动告诉对方自己做错了。这个保证书的作用就是终结猜疑和指责。

处理"情感模式"时一定要有同情心，还要尽可能地客观对待它。这样做是爱与英雄主义的表现,因为你们俩都可能要面对来自过去的强烈恐惧,还有被抛弃、虐待、分离和其他种种创伤。不管造成"情感图式"的伤痛何时卷土重来(可能已经重复出现上百次了),你们依然需要和对方"情绪同步"。当深爱对方时,你会想回到过去帮助他或者自然而然地产生想要治愈他的情感和想法,这些"情绪同步"的行为都会帮助矫正"情感联结"。如果对方一开始做不到与你"情绪同步",你可以先做个示范,也可以把这本书借他读一读。

处理对方的"情感图式"可能很费力气,但在你发现放手不管,问题反而变得更严重的时候,你会愿意认真对待的。你愿意花多少心思?我们大多数人都不知道:最完美的恋爱关系也会出问题。保持亲密的恋爱关系需要双方花费很多的心思。但没有爱情的一生是痛苦的,尤其在与"被低估的自我"作斗争时,所以我们称它为"爱的代价"。

学以致用

1. 回看第七章一开始讲到的"圆圈重叠"练习。想想你如果采纳了本章的建议,你和爱人的圆圈会重叠得更多吗?
2. 你会不会担心某段关系变得过于亲密?这种担心里可能隐藏着"社会比较"的问题,你可能害怕被对方控制,害怕离不开对方,或者你觉得需要有界限,这样你的需求和欲望才能跟对方的划分清楚。

3. 回看本章的内容，想想是什么阻止你全心全意地爱对方。你觉得有哪些障碍？把它们都写下来，或者找你的伴侣谈一谈。

4. 计划一次激动人心、有挑战性、新奇的活动，跟他一起拥有愉快的时光。

第九章

从自我低估中解放出来

第九章
从自我低估中解放出来

我们的共同目标是治愈"被低估的自我",现在你已经很接近这一目标了,但怎样才能治愈人类内在自我低估的本能呢?在这本书一开始的时候,我谈到每个人心中都有"被低估的自我",都会降低整体的自我价值感来应对不可避免的失败。保守的内在反应是为了生存,必要时降低自我价值感能防止你再次受到失败的伤害。你会暂时放弃挑战别人,"被低估的自我"也会借此占据上风。这是一般人在面对"社会比较"时的本能反应。当然,我们也拥有很强的"情感联结"本能,而且知道它比"社会比较"更有力量。

如果你发现自己经常没办法转换到"情感联结"模式,你该知道造成自我价值感低的原因已经不仅仅是某一方面的失败了,而是连续的或是创伤性的失败。而且这些失败会让你情感崩溃,感到无能为力以及羞愧。在这种情况下,我们在第六章中谈到过的"保护者—迫害者"很可能已经被激发出来,为了保护你而将你牢牢地困在"社会比较"模式中。

这些创伤需要被治愈。就像你能治愈身体上的创伤一样,你也同样能治好心理上的创伤,前提是时机一定要合适。你现在也知道矫正情感经历能够帮助自己治愈创伤。所以真相是,每个人都有"被低估的自我",但我们可以治愈它带来的伤害,以防"被低估的自我"夸大自己在面对失败时的自然反应。就算创伤不能完全被治愈,我们也能更清楚地知道"被低估的自我"歪曲事实的手段,比如会让你想起曾受过的某次伤害。

进步的迹象

回看你的日记本（你如果没有记日记，想想自从看这本书以来，你的生活有什么变化）。记录下自己取得的进步，并在下面的进步迹象后写下"是"或"否"。

1. 不管是在社会上还是专业上，你都很少被"自我低估"影响而放弃机会。
2. 越来越能分辨自己或他人是否陷入了"社会比较"或者"情感联结"模式。
3. 你不会经常把自己跟别人比较，在你身上较少出现"社会比较"的情况。你知道"社会比较"对你毫无益处，也知道它可能是你想象出来的。
4. 你越来越享受竞争，成功的次数也越来越多。这都是因为你能准确评价自己，不会在明显劣势的情况下参与竞争，但也不会放弃赢的机会。
5. 你感觉自己更容易与人相处了，大家也都这样认为。
6. 跟想亲近的人变得更亲近了。
7. "自我保护"手段用得越来越少了。

8. 你被"情感图式"困住的时间越来越短。
9. 如果你过去是个一点儿安全感都没有的人，现在至少有一段关系能让你拥有安全感了。
10. 如果你内心存在"保护者—迫害者"防御机制，现在你至少能意识到它，而且经常能摆脱它的控制了。
11. 在一段长时间的亲密关系中，你拥有的爱变得更多了，而两人之间的"社会比较"变得更少了。
12. 最重要的是，你更开心了。多次研究表明，自我感觉变好最有可能让人开心。[1] 即使现在没有这种感觉，将来也会有的。

随着不断进步，我们渐渐摆脱了恐惧的支配，做决定也更加自由。但关于如何做出决定这一点，我们即将面临一个交叉路口。

"爱"和"权力"的交叉路口

我在一开始构思这本书的时候，脑海中就有一个"情感联结"和"社会比较"，也就是"爱"与"权力"交叉路口的图像。我希望经过我们的共同努力，你们每个人最后都能根据当时的需求选择相应的道路，而不要觉得只有"社会比较"这一条路可走。在拥有专业的技能之后,你会知道应该选择哪条路,或者怎样能折中一下。

我希望你现在能自由地选择"情感联结"和"爱",同时也能用"社会比较"保护自己和他人之间的界限。因为从长远角度来看,守住自己的界限对"情感联结"更有帮助。我希望你在享受竞争、全力以赴的同时,也能保持公平的价值观、运动精神,甚至能跟你的对手成为好朋友。

还有一点同样重要,我希望你拥有强有力的"情感联结",它能适当地给予你信心去争取更高的位置。你可以利用更大的权力去促进"情感联结",帮助孩童、学生、病人或任何你能帮助的人。你可以让"社会比较"支持"情感联结"和"爱",以至于不论别人给你多大压力,你都能坚持自己的信念。你能够支持群体或国家之间多使用"情感联结",而不是"社会比较",但也不否认"社会比较"的存在,以及维护自我界限的必要性。

除了以上这些愿望以外,我还有一个愿望:在你努力寻找两者之间的平衡时,让这本书一直陪伴在你左右。每实践一次书中的理念,你就能更熟练地运用"情感联结"去摆脱"被低估的自我"和毫无必要的"社会比较"。

当然,"情感联结"不仅仅是一种能让你自我感觉变好的技能,它还是生活的本质。单细胞有机体联结才能变成简单动物,简单动物联结才能变成复杂动物,然后这些动物才能组成群体,互相帮助。在所有的例子中,它们都渴望而且需要互相理解、互相帮助——这就是我所定义的"爱"。现在有些人提出,希望人类能和地球上的其他生物和平共处,所以"情感联结"肯定会变得越来越强大。

　　虽然这本书的内容已近尾声,但我们仍因为共同走过这趟旅程而联结在一起。当我在写作时,你们就是我心中的朋友。虽然我只能想象,但我知道你们就在那,所以我会想念你们。现在所有的话都已经说完了,我庆祝你们已经来到终点。希望你的内心不再被所谓的"价值尺度"和"社会等级"所困扰,希望你的"情感联结"更加牢固。

致 谢

我想感谢我的丈夫阿特,是他一直在旁边支持我。我能够完成这本书离不开他的支持。

我也很感谢我的经纪人,贝斯提·安斯特。在我提出想写一本不落俗套的书时,她无条件地相信了我。

然后还有我的编辑,特雷西·贝哈尔。在一遍又一遍的书稿修改过程中,她一直相信我。在关键时刻,独立编辑安吉拉·凯西,也加入到队伍中来做我坚强的后盾。我的愿望是把自己心里想说的都表达出来,而安吉拉的工作则是确保你们能理解我说的。

最后我想说,我本来是打算写一本关于权力的书,但有位好心人建议我写跟"爱与权力"有关的书。是他的建议改变了这一切。

附录一　怎样找到一个好的治疗师

一开始你可以问问身边的朋友、药物专家或心理健康专家,看看他们是否有适合推荐的治疗师人选。如果有人了解心理治疗的过程,留心他的建议。如果健康保险中包含心理治疗这一项,而且配有指定的心理医生,你可以向别人打听一下这些医生的水平。但最好的治疗师通常不在医保名单上,这便是加入保险的缺点。

我建议你不要去找你的好朋友的心理治疗师,除非你们生活在同一个小镇上,没有其他选择。最重要的是,如果治疗师是你的朋友或亲戚,不要选择他们。夫妻双方最好也不要找同一个治疗师做心理治疗。如果有治疗师建议你注意这些细节,他可能会是个不错的人选。还有要注意,你不一定要接受别人推荐的治疗师。

如果付不起治疗费用

就算高级心理治疗的费用昂贵,你也不要为了省钱而去找无证上岗或者没有受过专业训练的心理医生。即使价格看起来很昂贵,你也要去找最好的医生,那是值得的。找一个好的心理医生,说不定还能加快治疗速度,或许还能改变你的生活,包括提升你赚钱的能力。

为什么心理治疗的费用如此之高？因为当中包含培训费、营业成本、职业过失保险、生死责任的压力，还有大多数案子都需要治疗师的反思与咨询。所以好的治疗师需要限制就诊时间，一个星期接待的病人不能超过 20 个。但是很多治疗师都采用浮动制计费，所以大约有 1/4 或 1/2 的病人会以低于正常价的价格付费。你要向治疗师解释自身的处境，表明你的支付能力。如果有的治疗师不接受降价，你可以问他是否知道哪位治疗师可以——可能是实习生，或刚开始从事心理行业的治疗师。但不用担心，他们推荐的治疗师都是最棒的。

你也可以咨询培训心理治疗师的专业学校或机构，问问哪些实习生或者低收费诊所能提供治疗服务，这样可以少花点钱。实习生可能缺乏经验，但他们热情饱满，而且掌握最新的科研技术。通常，治疗师需要有成百上千个小时的咨询经历才能获得高级证书。他们同时还会受到高级治疗师的监管，所以你是间接得到了高级治疗师的帮助。你可以尝试找一个准备从业的实习生，这样还方便以后的咨询。

你的个人喜好

关于选择男性还是女性治疗师这个问题，你要自己做决定。哪种治疗师让你感到更舒适？你更需要男性还是女性的视角？为了进行深层的情感工作，有时候你可以按照"你跟爸爸关系好，还是跟妈妈关系好"这一问题的答案来选择性别相同的治疗师。

你应该寻求怎样的心理治疗？治疗师一般都会从有意识的以及理性治疗开始，过渡到无意识的治疗，或者他们会研究无意识在治疗关系中的表现。与"认知行为"和"人际关系"有关的治疗大部分属于理性治疗。其他都处于中间过渡地带，比如眼动身心重建法（EMDR）。它主要用来治疗近期创伤，比如碰到突发性死亡事件。但也有从业者使用这一方法来让患者回忆创伤经历，或是解决一些更普遍的问题。"情绪聚焦疗法"和"格式塔疗法"也处于中间过渡地带，因为从业者运用这些方法的目的是处理情绪，而不是系统挖掘潜意识的内容。

精神分析、荣格分析法和自体心理学（由科胡特·寇哈特提出）是三种最有代表性的尝试挖掘无意识的治疗方法。这种无意识会出现在治疗过程和梦境当中。它们的目标是挖掘童年时期的记忆，找出你偏离正常轨道的时间点，然后从那里开始着手治疗。当你拥有"不安全型依恋"或"保护者—迫害者"的防御心理，或尝试过一些理性治疗但毫无用处时，这些无意识的治疗方法是你的最佳选择。

荣格分析师（获得荣格培训学院正式证书）以及荣格心理学方向的心理治疗师（用荣格方法训练，但不是培训学院毕业的人）也利用梦境和其他方法来进入最深层的精神领域，分析每个独特心灵发出的各种各样的原型符号。对荣格学派的人来说，治疗的终极目标就是个性化——每个人的生活都要与个人目标越来越契合，不光是意识层面的，也是精神层面的。

你如果偏爱某一种心理治疗方法，比如认知行为、人际关系、眼动身心重建法、情绪聚焦疗法、格式塔疗法、精神分析、荣格分析或自体心理学，你可以联系能提供这些方法的机构。就算你住得离教学机构很远，这些机构也能推荐一些你住所附近的治疗师。千万不要认为某一种特定的治疗方法会比治疗师的技能以及性格来得更重要。去找你能找到的最好的治疗师，询问他或她的治疗方法是什么，然后考虑它对你的症状是否管用。确实，大多数治疗师都会采用折中并且适合你的治疗方法。他们能根据你的情况调整相应的治疗方法。治疗的时候你可以带上这本书，说说你最喜欢书中哪个观点。一位好的治疗师会想知道你的想法：你认为什么会对你有帮助。

约定时间进行第一个疗程

在收集完治疗师的名单之后，你可以去相关网站查询他们的信息。查看去诊所就诊是否方便，乘车是否需要花很长时间。在作出最后的决定之前，你至少要查看 2 到 3 个治疗师的网站。接下来，你要看自己能否在他们的坐诊时间内就诊。你还要询问治疗费用，包括第一次治疗是否收费（大多数都会）。你如果无法支付费用，要如实告知对方。他们也许会愿意降价。你也许没有机会在电话里跟对方多谈，但要尽可能多问一些问题。大多数治疗师都觉得在治疗之前，花至少一个小时的时间和治疗者单独见一面是值得的，这样才能知道两人是否合得来。所以为了治疗能够顺利进行，你们得互相有好感，最好有点化学反应才行。

对第一次治疗来说，你要预留找寻地址的时间。心理治疗跟药物治疗不同，通常都是准时开始，要准备好支票或者医保卡以及介绍信。还有，跟不同治疗师预约的时间必须岔开。记住，在见完一个治疗师之后，至少要隔一天才能再见另外一个治疗师。中间你需要一些反思和恢复的时间，因为每次接受完治疗的你，情绪都会很激动。在第一次接受治疗的过程中，你可以询问治疗师：您是在哪家机构接受培训的？您已经从业多长时间了？您的专长是什么？在某一时刻说出你最关心的问题，看看这位治疗师能不能给你提供一些有用的帮助。

你如果想要开展梦境治疗，你可以跟治疗师讲讲你最近反复做的一个梦或者一个让你感到十分困扰的梦。这个治疗师或许会鼓励你从这个梦的源头说起，说出你的故事，或者讨论你想解决的问题，然后听听你想怎样实现这一目标。在第一次见面时，你要尽量表现得随意一点儿，并看看你们之间的互动如何。但该问的问题还是得问，记住你是顾客。

反复思考你的经历

在见过每个预约过的治疗师之后，问问你自己："我有什么收获吗？我是否能足够投入，再次接受治疗呢？"你应该能感受到治疗师对你的友善和同情，这是他们的职业要求，所以这一品质并不会给他们加分。但如果有的治疗师没能做到这一点,你就别再去找他了。如果治疗师有以下行为,你也要慎重考虑,尽量别再找他了:强迫你与他合作,让你别去见其他治疗师;或者他更在意自己的需求,而不是你的,比如他在治疗过程中接了通电话,大谈自己的经历,或者特别想显示自己的才能。

在见过几个治疗师之后,你最好休息几天再开始整理自己对他们的印象,否则最后一个治疗师给你的印象会是最深的。不要忽视自己对细节的感受,比如等待室和办公室的氛围如何,这能反映一个治疗师的方方面面。也要看看梦中的你有没有表露出对他们的感受。

如果你想接受长期治疗,一定要找你最中意的治疗师,让他给你安排 4 到 6 个疗程的治疗。在这段疗程结束之后,你们会共同评估治疗效果。在下一个疗程开始之前,想想你还有什么需要了解的,包括办公条例,比如临时取消治疗会有什么后果,或者治疗费用多久上涨一次。你对这些问题的回答作何感想?挖掘自己存在的问题,再进行治疗,然后看看成效如何。

不要着急作决定,因为找心理治疗师这个决定可能会影响你以后的人生。

一旦作了决定

一旦作了决定,你要允许治疗师用他擅长的方法开展治疗。不管过程有多少磕磕绊绊，你要相信自己的选择。我要再次强调诚实的重要性。如果你对什么感到不满，要直接说出来。在经过这些必要的讨论之后，治疗才会有突破性的进展。最重要的是，在没和治疗师商量之前不要放弃治疗，除非有不寻常的事情发生，比如他要求与你有亲密关系或朋友关系（不道德且错误的要求），或是他违反隐私条例，或他有其他逾越界限的表现。心理治疗不应该免费，治疗时间也不应该时短时长，治疗地点也不应该改到办公室以外的地方，除非有什么不得已的理由。

还有，不要同时见两个心理治疗师，除非是其中一个让你去见另外一个的，比如婚姻咨询。病患要学会如何与治疗师相处，你如果遇到问题不去解决，而是将问题带到另外一段治疗关系中，你的治疗还是无法取得进步。通常夫妻双方的情感问题和一方的个人问题要找不同的治疗师咨询。对一个婚姻治疗师来说，真正的顾客是你们之间的关系，治疗师的主要目的是解决你们的关系问题。这就与个人利益产生冲突，如果是你个人的治疗师，他应该要把你的利益放在第一位。

有了"情感联结"，才有爱

治疗关系中存在"社会比较"——权力是为"情感联结"服务的，但显然你和治疗师之间应该互有好感，有良好的关系。我个人认为，心理治疗需要有爱的帮助，在治愈"不安全型依恋"时尤其如此。但是爱的帮助并不包括满足治疗师的需求。除了支付治疗费用，坦诚认真地接受治疗外，你在治疗中应该表现出我在第四章中所说的あまえる（日语：那我就不客气了）——沉浸在别人的关怀之中，如果你小时候很少得到别人关爱的话，更应如此。

我感谢艾伦·西格尔曼，她是我的朋友，也是一位荣格派分析师。她告诉我，治疗师要爱他的患者，这点十分重要。她在著作中写道，大多数治疗师都对病患有一种"深入且不投入的爱"。[1] 注意这个词，"不投入的"，这种爱必须是真诚的，不是为了让病人变得更好而设计出来的。卡尔·罗杰斯是现代心理学最伟大的奠基者之一，他毕生都秉持这样的想法："无条件的正面关怀"是治愈心理疾病的法宝。[2]

不管是过去还是现在，大家都认为心理医生要像牙医对待病人一样，保持专业距离，医生与病人之间只要有足够的温暖，能够维持良好的治疗关系即可。我们现在知道，"情感联结"，甚至是"爱"（保持良好的职业界限）在很大程度上能给病人提供安全感，鼓励他们探索"情感图式"，发展安全型依恋关系，感受亲密关系的丰富情感，然后治愈"被低估的自我"。

附录二 创伤表格

童年时期创伤表格

1	2	3	4	5	6	7	8
童年创伤	4岁之前	12岁之前	没人伸出援手	发生2次或以上	同时发生不止一件	改变生活或有深远影响	感到沮丧或羞愧

成年时期创伤表格

1	2	3	4	5	6	7
成年创伤	发生时仍很稚嫩	发生2次以上	同时发生不止一件	没人伸出援手	改变生活或有涟漪效应	感到沮丧或羞愧

注 释

引 言

1. J. V. Wood, W. Q. E. Perunovic, and J. W. Lee, "Positive Self-Statements: Power for Some, Peril for Others," *Psychological Science* Science 20, no.7(2009): 860-66.

第一章 "社会比较""情感联结"和被低估的自我

1. R. Eisler and D. Loye, "The 'Failure' of Liberalism: A Reassessment of Ideology from a New Feminine-Masculine Perspective," *Political Psychology* 4 (1983): 375–91; J. Sidanius, B. J. Cling, and F. Pratto, "Ranking and Linking as a Function of Sex and Gender Role Attitudes," *Journal of Social Issues* 47 (1991): 131–49.

2. L. Sloman and P. Gilbert, *Subordination and Defeat: An Evolutionary Approach to Mood Disorders and Their Therapy* (Mahwah, NJ: Lawrence Erlbaum, 2000).

3. Ibid.

4. *Diagnostic and Statistical Manual of Mental Disorders*, 4th ed. (Washington, DC: American Psychiatric Association, 1994); J. P.

Tangney and K. W. Fischer, *Self-Conscious Emotions: The Psychology of Shame, Guilt, Embarrassment, and Pride* (New York: Guilford, 1995).

5. P. Zimbardo, *Shyness: What It Is, What to Do about It* (Reading, MA: Addison-Wesley, 1977).

6. K. S. Kendler, J. M. Hettema, F. Butera, C. O. Gardner, and C. A. Prescott, "Life Event Dimensions of Loss, Humiliation, Entrapment, and Danger in the Prediction of Onsets of Major Depression and Generalized Anxiety," *Archives of General Psychiatry* 60 (2003): 789–96.

7. S. S. Dickerson and M. E. Kemeny, "Acute Stressors and Cortisol Responses: A Theoretical Integration and Synthesis of Laboratory Research," *Psychological Bulletin* 130 (2004): 355–91.

8. N. I. Eisenberger, M. D. Lieberman, and K. D. Williams, "Does Rejection Hurt? An fMRI Study of Social Exclusion," *Science* 302 (2003): 290–92.

9. A. J. Elliot and A. Moller, "Performance-Approach Goals: Good or Bad Forms of Regulation?" *International Journal of Educational Research* 39 (2003): 339–56.

10. E. Berscheid and H. T. Reis, "Attraction and Close Relationships," in *Handbook of Social Psychology* (4th ed.), ed. S. Fiske, D. Gilbert, and G. Lindzey (New York: McGraw-Hill, 1998), 193–281.

11. F. P. Morgeson and S. E. Humphrey, "The Work Design Questionnaire (WDQ): Developing and Validating a Comprehensive Measure for Assessing Job Design and the Nature of Work," *Journal of Applied Psychology* 91 (2006): 1321–39.

12. H. E. Fisher, "Lust, Attraction and Attachment in Mammalian Reproduction," *Human Nature* 9 (1998): 23–52.

13. A. Aron and E. N. Aron, *Love and the Expansion of Self: Understanding Attraction and Satisfaction* (New York: Hemisphere, 1986); A. Aron, E. N. Aron, M. Tudor, and G. Nelson, "Close Relationships as Including Other in the Self," *Journal of Personality and Social Psychology* 60 (1991): 241–53.

14. A. Aron, E. N. Aron, and D. Smollan, "Inclusion of Other in the Self Scale and the Structure of Interpersonal Closeness," *Journal of Personality and Social Psychology*, 63 (1992): 596–612.

15. L. Tiger, *The Pursuit of Pleasure* (New York: Little, Brown, 1992).

16. B. H. Raven, J. Schwarzwald, and M. Koslowsky, "Conceptualizing and Measuring a Power/Interaction Model of Interpersonal Influence," *Journal of Applied Social Psychology* 28 (1998): 307–32.

17. B. H. Raven, "Power Interaction and Interpersonal Influence," in Lee-Chai and Bargh, *Use and Abuse of Power: Multiple Perspectives on the Causes of Corruption*, (Philadelphia: Psychology Press, 2001), 217–40.

18. A. Y. Lee-Chai, S. Chen, and T. L. Chartrand, "From Moses to Marcos: Individual Differences in the Use and Abuse of Power," in Lee-Chai and Bargh, *Use and Abuse of Power*, 57–74; I. H. Frieze and B. S. Boneba, "Power Motivation and Motivation to Help Others," in Lee-Chai and Bargh, *Use and Abuse of Power*, 75–89.
19. E. Sober and D. S. Wilson, *Unto Others: The Evolution and Psychology of Unselfish Behavior* (Cambridge, MA: Harvard University Press, 1999).
20. C. Boehm, *Hierarchy in the Forest: The Evolution of Egalitarian Behavior* (Cambridge, MA: Harvard University Press, 2001).
21. S. Chen, A. Y. Lee-Chai, and J. A. Bargh, "Relationship Orientation as a Moderator of Social Power," *Journal of Personality and Social Psychology* 80 (2001): 173–87.
22. E. S. Chen and T. R. Tyler, "Cloaking Power: Legitimizing Myths and the Psychology of the Advantaged," in Lee-Chai and Bargh, *Use and Abuse of Power*, 241–61.
23. E. Viding, R. James, R. Blair, T. E. Moffitt, and R. Plomin, "Evidence for Substantial Genetic Risk for Psychopathy in 7-Year-Olds," *Journal of Child Psychology and Psychiatry* 46 (2004): 592–97; T. E. Moffitt, A. Caspi, H. Harrington, and B. J. Milne, "Males on the Life-Course-Persistent and Adolescence-Limited Antisocial Pathways: Follow-up at Age 26 Years," *Development and Psychopathology* 14

(2002): 179–207.

24. P. Zimbardo, *The Lucifer Effect: Understanding How Good People Turn Evil* (New York: Random House, 2007).

第二章　六种自我保护手段：隐藏自我低估

1. R. Mendoza-Denton, G. Downey, V. Purdie, A. Davis, and J. Pietrzak, "Sensitivity to Status-Based Rejection: Implications for African American Students' College Experience," *Journal of Personality and Social Psychology* 83 (2002): 896–918.

2. A. G. Greenwald, M. R. Banaji, L. A. Rudman, S. D. Farnham, B. A. Nosek, and D. S. Mellott, "A Unified Theory of Implicit Attitudes, Stereotypes, Self-Esteem, and Self-Concept," *Psychological Review* 109 (2002): 3–25.

3. D. Kierstead, P. D'Agostino, and H. Dill, "Sex Role Stereotyping of College Professors: Bias in Students' Ratings of Instructors," *Journal of Educational Psychology* 80 (1988): 342–44.

4. L. A. Rudman, M. C. Dohn, and K. Fairchild, "Implicit Self-Esteem Compensation: Automatic Threat Defense," *Journal of Personality and Social Psychology* 93 (2007): 798–813.

第三章　过往的经历导致自我低估

1. J. Bowlby, *Attachment and Loss*, vol. 2: *Separation: Anxiety and Anger*

(New York: Basic Books, 1973).

2. Sloman and Gilbert, *Subordination and Defeat*.

3. R. Janoff-Bulman, "Characterological versus Behavioral Self-Blame: Inquiries into Depression and Rape," *Journal of Personality and Social Psychology* 37 (1979): 1798–1809.

4. L. A. Rudman, J. Feinberg, and K. Fairchild, "Minority Members' Implicit Attitudes: Automatic Ingroup Bias as a Function of Group Status," *Social Cognition* 20 (2002): 294–320.

5. M. Guyll and K. A. Matthews, "Discrimination and Unfair Treatment: Relationship to Cardiovascular Reactivity among African American and European American Women, *Health Psychology* 20 (2001): 315–25.

6. E. N. Aron, *The Highly Sensitive Person* (New York: Broadway Books, 1997); E. N. Aron and A. Aron, "Sensory-Processing Sensitivity and Its Relation to Introversion and Emotionality," *Journal of Personality and Social Psychology* 73 (1997): 345–68.

7. J. Kagan, *Galen's Prophecy: Temperament in Human Nature* (New York: Basic Books, 1994). Kagan uses the term "inhibitedness"; the animal studies on "sensitivity" "shyness" or something similar are now too numerous to cite, but there is a partial review in Aron and Aron, "Sensory Processing Sensitivity," p. 345, and an interesting discussion of the overall theory in A. Sih and A. M. Bell, "Insights for Behavioral

Ecology from Behavioral Syndromes," in H. J. Brockmann, T. J. Roper, M. Naguib, K. E. Wynne-Edwards, C. P. Bernard, and J. C. Mitani, *Advances in the Study of Behavior*, Vol. 38 (San Diego: Academic Press, 2008), 227–81.

8. E. Waters, S. Merrick, D. Treboux, J. Crowell, and L. Albershein, "Attachment Security in Infancy and Early Adulthood: A Twenty- Year Longitudinal Study," *Child Development* 71 (2000): 684–89.

9. More precisely, research finds that children are insecure if their mother's description of her childhood is incoherent in certain specifi c ways, whatever the content of the description, suggesting a basic disorganization in her "internal working model" of attachment relationships. See I. Bretherton and K. A. Munholland, "Internal Working Models in Attachment Relationships: A Construct Revisited," in J. Cassidy and P. R. Shaver, *Handbook of Attachment: Theory, Research, and Clinical Applications* (New York: Guilford 1999), 89–111.

10. The term "emotional schema" is currently used in many contexts throughout psychology to describe the cognitive organization that allows one thought or memory of a highly emotional event to activate a high level of emotional arousal about the more general idea or type of situation that originally created the intense emotion — for example, A. Neumann and P. Philippot use the term in "Specifying

What Makes a Personal Memory Unique Enhances Emotion Regulation," *Emotion* 7 (2007): 566–78. My use of it here is most similar in details to Carl Jung's idea of the "complex" as found in C. G. Jung, "A Review of the Complex Theory" in vol. 6 of *The Collected Works of C. G. Jung*, ed. W. McGuire (Princeton, NJ: Princeton University Press, 1971).

第四章 用"情感联结"治愈被低估的自我

1. M. W. Baldwin, "Priming Relational Schemas as a Source of Self-Evaluative Reactions," *Journal of Social and Clinical Psychology* 13 (1994): 380–403.

2. M. Mikulincer and D. Arad, "Attachment, Working Models, and Cognitive Openness in Close Relationships: A Test of Chronic and Temporary Accessibility Effects," *Journal of Personality and Social Psychology* 77 (1999): 710–25.

3. M. Mikulincer and P. R. Shaver, "Attachment Theory and Intergroup Bias: Evidence That Priming the Secure Base Schema Attenuates Negative Reactions to Out-Groups," *Journal of Personality and Social Psychology* 81 (2001): 97–115.

4. T. Pierce and J. Lydon, "Priming Relational Schemas: Effects of Contextually Activated and Chronically Accessible Interpersonal Expectations on Responses to a Stressful Event," *Journal of*

Personality and Social Psychology 75 (1998): 1441–48.

5. M. Mikulincer, O. Gillath, V. Halevy, N. Avihou, S. Avidan, and N. Eshkoli, "Attachment Theory and Reactions to Others' Needs: Evidence That Activation of a Sense of Attachment Security Promotes Empathic Responses," *Journal of Personality and Social Psychology* 81 (2001): 1205–24.

6. A. Thorne, "The Press of Personality: A Study of Conversations between Introverts and Extraverts," *Journal of Personality and Social Psychology* 53 (1987): 718–26.

7. T. Doi, *The Anatomy of Dependence* (Tokyo: Kodansha, 1973).

第五章 消除障碍——跟内心的"纯真"对话

1. C. G. Jung, *Jung on Active Imagination*, ed. J. Chodorow (Princeton, NJ: Princeton University Press, 1997); R. A. Johnson, *Inner Work: Using Dreams and Active Imagination for Personal Growth* (New York: HarperOne, 1986); H. Stone and S. Stone, *Embracing Ourselves: The Voice Dialogue Manual* (Novato, CA: New World Library, 1989).

第六章 与内心的"批评者"和"保护者－迫害者"共处

1. D. Kalsched, *The Inner World of Trauma: Archetypal Defenses of the Personal Spirit* (New York: Routledge, 1996).

2. In referring to patients most likely to evidence a protector-persecutor

defense, Kalsched notes that they were "extremely bright, sensitive individuals who had suffered, on account of this very sensitivity, some acute or cumulative emotional trauma early in life." Ibid., 11–12.

3. Johnson, *Inner Work*.

第七章　如何通过"情感联结"加深亲密关系

1. A. Aron, D. Mashek, and E. N. Aron, "Closeness, Intimacy, and Including Other in the Self," in *Handbook of Closeness and Intimacy*, ed. D. Mashek and A. Aron (Mahwah, NJ: Erlbaum, 2004), 27–42.

2. A. Aron, D. G. Dutton, E. N. Aron, and A. Iverson, "Experiences of Falling in Love," *Journal of Social and Personal Relationships* 6 (1989): 243–57.

3. E. Aronson and V. Cope, "My Enemy's Enemy Is My Friend," *Journal of Personality and Social Psychology* 8 (1968): 8–12; J. Strough and S. Cheng, "Dyad Gender and Friendship Differences in Shared Goals for Mutual Participation on a Collaborative Task," *Child Study Journal* 30 (2000):103–26.

4. D. G. Dutton and A. Aron, "Some Evidence for Heightened Sexual Attraction under Conditions of High Anxiety," *Journal of Personality and Social Psychology* 30 (1974): 510–17.

5. S. L. Gable, H. T. Reis, E. A. Impett, and E. R. Asher, "What Do You Do When Things Go Right? The Intrapersonal and Interpersonal

Benefits of Sharing Positive Events," *Journal of Personality and Social Psychology* 87 (2004): 228–45.

6. A. Tesser, "Toward a Self-Evaluation Maintenance Model of Social Behavior," in *Advances in Experimental Social Psychology*, vol. 21, ed. L. Berkowitz (New York: Academic Press, 1988), 181–227.

第八章 稳定的亲密关系：最后一味治愈良药

1. A. Aron, C. C. Norman, E. N. Aron, C. McKenna, and R. Heyman, "Couples Shared Participation in Novel and Arousing Activities and Experienced Relationship Quality," *Journal of Personality and Social Psychology* 78 (2000): 273–83; A. Aron, M. Paris, and E. N. Aron, "Falling in Love: Prospective Studies of Self-Concept Change," *Journal of Personality and Social Psychology* 69 (1995): 1102–12.

2. Aron et al., "Couples Shared Participation"; C. Reissmann, A. Aron, and M. Bergen, "Shared Activities and Marital Satisfaction: Causal Direction and Self-Expansion versus Boredom," *Journal of Social and Personal Relationships* 19 (1993): 243–54.

3. A. Aron, D. G. Dutton, E. N. Aron, and A. Iverson, "Experiences of Falling in Love," *Journal of Social and Personal Relationships* 6 (1989): 243–57.

4. P. Schwartz, *Peer Marriage: How Love Between Equals Really Works* (New York: Free Press, 1994).

第九章　从自我低估中解放出来

1. P. Hills and M. Argyle, "Happiness, Introversion-Extraversion and Happy Introverts," *Personality and Individual Differences* 30 (2001): 595–608.

附录一　怎样找到一个好的治疗师

1. E. Y. Siegelman, "The Analyst's Love: An Exploration," *Journal of Jungian Theory and Practice* 4 (2002): 19.
2. Carl Rogers: *On Becoming a Person: A Therapist's View of Psychotherapy* (Boston: Houghton Mifflin, 1961).

关于作者

伊莱恩·阿伦是加利福尼亚人，毕业于加利福尼亚大学，以全美优等生荣誉学生身份毕业。之后，她在多伦多的约克大学拿到硕士学位，在圣塔巴巴拉市的太平洋研究所进行临床心理学的深度学习，并拿到博士学位。此外，她也在旧金山的荣格学院接受过培训。

阿伦医生在北美的很多地方生活过——从位于不列颠哥伦比亚考斯特岛的网格穹顶，到位于亚特兰大桃树街的一幢老旧的大厦。她一半时间待在纽约，还有一半时间待在旧金山。从事心理治疗能带给她探索内心深处的机会，她很享受这一点。她写文章、做研究、做公共演讲、开工作室，这些都是在她高度敏感的内向性格所允许的范围内做的事。她每天冥想，去法国徒步旅行，还在马林县的小路上骑马，她那匹马的名字叫安妮。

除了她书中和文章中所写的内容与高度敏感人群有关以外，阿伦医生还在学术期刊上发表了大量研究亲密关系的社会心理学文章。她和她老公阿特是研究"爱"与"吸引力"的领导者。而且，在使用核磁共振图像来理解敏感人群和恋爱人群的大脑这方面，他们也是先锋。